LE
CHEVALIER SANS PEUR
ET SANS REPROCHE,
OU LES AMOURS
DE BAYARD,
COMÉDIE HÉROIQUE
EN QUATRE ACTES ET EN PROSE,

*Représentée à Paris, par les Comédiens Français ;
devant* LEURS MAJESTÉS.

Par M. MONVEL.

A PARIS, & se trouve à AVIGNON,

Chez JACQUES GARRIGAN, Imprimeur-Libraire ;
Place Saint-Didier.

PERSONNAGES.

FRANÇOIS I, Roi de France, encore jeune : mais après la bataille de Marignan.

Le Chevalier BAYARD, jeune & amant de Madame de Rendan.

Le Capitaine LA PALICE, ami de Bayard & amant de Madame de Rendan.

L'Amiral BONNIVET.

D. ALONZO DE SOTOMAYOR, amant de Madame de Rendan.

Madame DE RENDAN, jeune veuve.

Une Dame BRESSANE.

SES DEUX FILLES.

ISOLITE, jeune personne attachée à Madame de Rendan.

M. D'IMBERCOURT, Seigneur de la Cour de France.

ARTHUR, valet de chambre de Madame de Rendan.

AMBROISE, jardinier de Madame de Rendan.

L'ÉCUYER de Sotomayor.

L'ÉCUYER de Bayard, personnage muet.

UN HÉRAUT D'ARMES.

Le Parrain de Sotomayor, personnage muet.

Le Maréchal de Camp d'Oreze.

Messieurs de Guise, de Fontrailles, le Baron de Béarn, la Trimouille, de Crussol, de Tendé, &c. &c.

Paysans & Paysannes.

Bohémiens & Bohémiennes.

Gendarmes. Un Gendarme qui parle.

Domestiques de Madame de Rendan.

Ménétriers.

La Scene se passe à quelques distances de Paris, dans une maison de campagne de Madame de Rendan.

LES AMOURS
DE BAYARD,
COMÉDIE HÉROIQUE.

ACTE PREMIER.

SCENE PREMIERE.
IMBERCOURT, FRANÇOIS I.

IMBERCOURT.

Oui, Sire, c'est une visite inutile, une tentative vaine & superflue. Madame de Rendan ne voit, ne reçoit personne ; je viens de parler à Mademoiselle Isolite, celle de ses femmes qui a toute sa confiance : elle va descendre & vous confirmera ce qu'avec bien du regret j'ai l'honneur d'assurer à Votre Majesté.

FRANÇOIS I.

Ah ! point de Majesté, je vous en prie, Imbercourt. Souvenez-vous que je ne suis ici qu'un très-petit particulier, un pauvre amant rebuté : ce n'est pas en matiere de galanterie, & surtout quand on éprouve l'humiliation d'un refus, qu'il convient de faire le Roi. Gardons l'incognito, mon ami ; gardons-le bien, & du moins sauvons l'amour propre s'il faut renoncer à contenter l'amour.

IMBERCOURT.

L'amour ! en bonne foi, est-ce que vous êtes amoureux ?

FRANÇOIS I.

Sur mon honneur, je crois qu'oui.

IMBERCOURT.

Je crois, est excellent. Amoureux d'une femme que vous n'avez fait qu'entrevoir, & qu'il y a plus de deux ans que vous n'avez vue.

FRANÇOIS I.

Mais songe donc.... tout le monde dit qu'elle est charmante.

IMBERCOURT.

Ah, oui.... j'entends..... vous l'aimez sur parole.

FRANÇOIS I.

C'est que je m'imagine qu'il n'y a rien de si piquant que de déranger les prudentes combinaisons d'une veuve de vingt & un ans, jolie comme l'amour; & qui a fait vœu de pleurer toute sa vie..... un mari.

IMBERCOURT.

Il est sûr que les obstacles ont quelque chose d'attrayant ; mais je crains bien que ceux que vous trouverez ici, ne soient insurmontables.

A 2

l'ornement.... elle est toujours aussi belle qu'elle l'étoit avant la
mort de son mari.... de ce pauvre Rendan?...

ISOLITE.

Oh! elle n'est point changée.... communément le chagrin ne
sied pas.... mais elle, je crois en vérité, que la douleur, que les
larmes l'embellissent encore.

FRANÇOIS I.

C'est ce qu'on a dit au Roi.... faites observer à Madame de
Rendan qu'elle n'a pas vingt & un ans.

IMBERCOURT.

Que tout ce qui environne Sa Majesté est à peu près d'un aussi bel âge.

FRANÇOIS I.

Que le Roi lui-même est jeune aussi....

IMBERCOURT.

Et que les plaisirs naissent en foule sur les pas d'un Monarque
qui réunit à la grandeur suprême tout ce que l'esprit, les graces du
corps, & les charmes de la figure peuvent avoir de plus séduisant.
(*François I tire Imbercourt par le manteau, & veut l'empêcher de
parler.*) Pourquoi voulez-vous m'empêcher de parler? est-ce que
je ne dis pas la vérité?

ISOLITE, *s'adressant à François I.*

Monsieur, le Roi est-il effectivement aussi beau que tout le
monde l'assure?

FRANÇOIS I.

Ah! beau.... beau.... ce seroit un bien petit mérite pour un
homme.... il n'est pas mal.. . mais beau....

IMBERCOURT.

Allons, allons, vous êtes difficile.... Je vous assure, Mademoiselle, qu'il seroit encore très-bien quand même il ne seroit pas Roi.

ISOLITE, *toujours au Roi.*

On dit qu'il a beaucoup d'esprit.

IMBERCOURT.

Eh bien! répondez donc?

FRANÇOIS I, *après avoir hésité.*

Il a du moins celui d'aimer beaucoup ceux qui en ont.

ISOLITE.

On assure qu'il est si vaillant, si brave....

FRANÇOIS I.

Un homme qui regne sur des Français.... & comment voulez-vous
qu'il ne soit pas brave!... il reçoit l'exemple, & le donne à son tour.

ISOLITE.

J'ai entendu dire qu'il avoit un goût décidé pour toutes les belles.

IMBERCOURT.

On vous a dit vrai là-dessus comme sur tout le reste, n'est-il
pas vrai, Monsieur?

FRANÇOIS I.

Oui, Mademoiselle, on ne vous a pas trompé, il est à cet
égard encore Français, & très-bon Français.

ISOLITE.

Oh! que vous me donnez de désir de connoître un Roi si charmant.

FRANÇOIS I, *bas à Imbercourt.*

Je vous jure qu'elle est bien jolie.... (*haut.*) Mademoiselle; rien de plus aisé que de satisfaire votre curiosité.... déterminez Madame de Rendan à venir à la Cour, & là, il vous sera facile de voir celui dont vous vous formez une idée si avantageuse.

ISOLITE.

Ah! s'il n'étoit que ce moyen-là pour y parvenir, je désespere d'être jamais heureuse. Madame me paroit tellement attachée à la solitude...

FRANÇOIS I.

Le Roi se propose cependant de venir aujourd'hui, lui-même, engager votre belle maîtresse à renoncer au projet de retraite, qu'elle a formé contre le vœu de tous ceux qui la connoissent.

ISOLITE.

Le Roi viendra.... lui-même.... ici.... aujourd'hui?

FRANÇOIS I.

Oui, Mademoiselle.... & quoique Madame de Rendan ne reçoive personne.... elle ne reçoit personne, vous me l'assurez?

ISOLITE.

Qui que ce soit.

IMBERCOURT.

Ah! le Roi doit faire exception.

FRANÇOIS I.

Sera-t-il excepté? le croyez-vous?

ISOLITE.

Eh! Monsieur, qui refuseroit l'honneur d'une pareille visite!.... un Roi qui est jeune, beau, qui a tant d'esprit, qui est si galant, si brave... Oh! je sais bien que pour moi.... mais Madame est trop bien apprise pour se cacher aux yeux de son Maître, comme elle fait aux regards de tout le monde.

FRANÇOIS I.

Eh bien, assurez-lui que le Roi a pour elle les sentimens les plus distingués, & qu'il viendra aujourd'hui lui en présenter l'hommage.... ne l'oubliez pas.

ISOLITE.

Moi, Monsieur.... oh, n'ayez pas peur.... on n'oublie pas ce qui fait plaisir.

FRANÇOIS I.

Je suis charmé que vous pensiez ainsi.... Faites agréer nos respects à Madame de Rendan. Adieu, Mademoiselle.

(*Imbercourt & le Roi sortent.*)

SCENE III.
ISOLITE, *seule.*

Le Roi viendra aujourd'hui... quelle joie! il dira à Madame les plus jolies choses du monde, j'en suis sûre : car il est si aimable! elle n'y sera pas insensible.... (*avec un soupir.*) Le ciel m'en fera la grace ; elle se laissera gagner aux instances de son Maître, sortira de cette triste solitude.... où je m'ennuie.... (*avec un soupir.*)

que cela fait pitié !... & nous irons à la Cour.... c'est un pays que j'ai grande envie de voir.... Cependant je viens de mentir bien effrontément à ces Messieurs ; je leur ai dit que Madame ne recevoit personne.... & Monsieur de la Police doit se présenter aujourd'hui chez elle ! & le Chevalier Bayard y est venu hier, avant-hier.... il est vrai qu'ils sont les seuls pour qui Madame soit visible.... encore l'un la voit-il aujourd'hui pour la première fois, & Monsieur Bayard ne lui a-t-il rendu que deux visites.... par conséquent si j'ai menti, c'est de si peu de chose que ce n'est pas la peine d'en parler. Au reste c'est par l'ordre de Madame, & s'il y a du mal, ce n'est pas sur moi que doit en retomber le blâme.

SCENE IV.

ISOLITE, ARTHUR.

ARTHUR.

Qui sont donc ces beaux Seigneurs à qui vous parliez-là, Mademoiselle Isolite ?

ISOLITE.

L'un est ami du Roi, c'est Monsieur d'Imbercourt, l'autre m'est inconnu.

ARTHUR, *la pressant dans ses bras.*

A qui en vouloient-ils, ma charmante, à vous, ou à votre maîtresse ?

ISOLITE, *avec un souris ironique.*

A qui en vouloient-ils ?... en vérité, Monsieur Arthur, vous avez des expressions.... c'est de la part du Roi que ces Messieurs venoient parler à Madame.

ARTHUR.

L'ont-ils vue ?

ISOLITE.

Non.

ARTHUR.

Et savez-vous quel étoit l'objet de leur mission ?

ISOLITE.

Vous êtes bien curieux.

ARTHUR.

Houf.... il y a de la galanterie sur jeu, puisque vous y mettez du mystere.

ISOLITE, *haussant les épaules.*

De la galanterie.... avec Madame ?

ARTHUR.

Tenez, vous êtes Demoiselle suivante, moi, valet de chambre.... (*lui prenant un bras qu'il passe sous le sien.*) que diable ! entendons-nous, & tout ira le mieux du monde. (*confidemment.*) Nos maîtres.... soit héroïsme de guerriers, soit vertu de femme, vertu à toute épreuve, peuvent dans le monde passer pour des prodiges.... mais dans l'intérieur de leur appartement, tête-à-tête avec nous.... hélas ! ce sont de pauvres humains bien foibles, tout comme nous.

ISOLITE.

ISOLITE.

Et que résulte-t-il de-là ?

ARTHUR.

Il en résulte que Madame de Rendan, malgré l'amour qu'elle avoit pour son époux, malgré le tendre & profond respect qu'elle conçoit pour sa mémoire, malgré le deuil & le veuvage éternel auquel elle s'est vouée, Madame de Rendan a le cœur tendre, Madame de Rendan oubliera son mari, aimera parce qu'elle n'a que vingt ans, & qu'à vingt ans il faut aimer... enfin qu'elle se remariera... parce qu'elle est trop sage pour ne pas finir le roman comme cela.

ISOLITE.

Eh bien, Monsieur le valet de chambre, & moi la Demoiselle suivante, que pouvons-nous à cela ?

ARTHUR.

Ah !... nous pouvons, Mademoiselle, arranger les choses de maniere qu'elles nous soient profitables. Des domestiques de confiance, comme nous, des gens d'esprit, tels que vous, & moi, doivent mener leurs maîtres, c'est un fait. Il y a façon de faire vouloir aux autres, & sans qu'ils s'en doutent, ce que l'on veut bien résolument soi-même. Vous êtes jeune, je n'ai pas trente ans, vous me plaisez beaucoup, si je pouvois vous plaire un peu, amour, fortune, adresse, nous mettrions tout en commun ; vous obséderiez Madame d'un côté, je la persécuterois de l'autre, & nous lui ferions épouser celui qui nous assureroit à tous deux les avantages les plus considérables.

ISOLITE.

C'est assez bien calculé.

ARTHUR.

Je suis charmé que le plan vous séduise.... poursuivons. Je vois en prétendans... d'abord le Roi... ces amours-là sont un peu sans cérémonies, & Madame n'est pas femme à s'en passer... cela nous rapporteroit beaucoup, mais il n'y faut pas penser.... Monsieur de la Palice....

ISOLITE.

Vous croyez....

ARTHUR.

Rien ne m'échappe... il a des projets, mais il faut les faire échouer. C'est un homme à grands sentimens, & qui rougiroit de devoir son bonheur à des moyens subalternes... Exclu...

ISOLITE.

Et l'Amiral Bonnivet ?

ARTHUR.

Il n'épouse pas, lui : les autres moissonnent, il glane... Rayé... Je pencherois volontiers pour le Chevalier Bayard : c'est un brave & honnête homme, généreux, bienfaisant, mais il n'est pas riche, nous le ruinerions sans nous enrichir, ainsi sa pauvreté rend nulle toute notre bonne volonté.

ISOLITE.

Mais si vous éconduisiez comme cela tous les prétendans, ma maîtresse, à ce qu'il me paroît, restera long-temps veuve,

B

ARTHUR, *d'un air capable.*

Non, Mademoiselle, j'ai trouvé pour elle un parti, un parti excellent, jeunesse, figure, bravoure, opulence, tout s'y trouve.

ISOLITE.

Est-ce?

ARTHUR.

D. Alonzo de Sotomayor.

ISOLITE, *avec dédain.*

Un Espagnol!

ARTHUR.

Un peu fier, si vous voulez... d'un caractere ombrageux, emporté... (*souriant.*) mais son argent... ah! son argent... est de la meilleure composition du monde.

ISOLITE.

C'est ce qui vous détermine en sa faveur.

ARTHUR.

Ah! Mademoiselle! c'est une belle chose que l'argent! il couvre tout, répare tout... il a raison par tout.

ISOLITE.

Vous en parlez en amateur.

ARTHUR.

Il a vu Madame, lorsque feu Monsieur de Rendan la conduisit en Espagne: il l'aime depuis ce temps-là; faisons réussir le mariage de Monsieur de Sotomayor avec notre maîtresse, & il nous assure à tous deux la fortune la plus brillante... J'en ai déjà reçu quelques échantillons qui me font augurer très favorablement du reste: nous nous aimons, nous nous marierons, & riches à tout jamais, nous cessons d'obéir, & jouissons à notre tour du doux plaisir de commander.

ISOLITE.

Nous ne nous aimons pas: nous ne nous marierons point; & comme je n'ai pas pour l'argent une estime aussi tendre que vous, je laisserai Madame obéir au penchant de son cœur; je ne lui parlerai point de Monsieur de Sotomayor qui me déplaît souverainement, & je vous verrai sans envie, mon cher Monsieur Arthur, vous enrichir aussi bassement qu'il vous plaira.

ARTHUR.

Mademoiselle, la délicatesse a son mérite, sans contredit... mais c'est un mérite avec lequel on meurt de faim.... au lieu que, de legers scrupules adroitement mis à part....

ISOLITE, *très-sérieusement.*

Brisons-là... Tout ce que je puis faire pour vous, c'est de ne rien dire à Madame de vos petits arrangemens sur ce qui la concerne; mais soyez assez prudent, je vous en avertis, pour ne pas me forcer à vous dévoiler.

ARTHUR.

Moi!... ah, je n'y pense plus... c'étoit mon seul amour pour vous qui me faisoit regarder la richesse comme l'acheminement le plus sûr au bonheur de vous posséder... Vous ne vous en souciez pas.... j'y renonce; je suis foncièrement un bon & honnête garçon.... n'ayez contre moi ni colere, ni haine.....

ISOLITE.

De la haine contre vous, Monfieur Arthur... Oh, non, non...
Ce fentiment-là tient à l'eftime... ce n'eft pas celui que vous m'inf-
pirerez jamais. (*Elle fort.*)

SCENE V.

ARTHUR, *feul.*

EH bien! cette petite orgueilleufe qui fe donne les airs de me
méprifer... Mademoifelle fe pique de beaux fentimens... petit génie
que cela!... Cerveau mal organifé... Cela n'aura jamais l'efprit de
fortir de fervitude... Mais que je fuis dupe auffi, moi; eft-ce que
j'ai befoin d'appui pour réuffir dans mes projets? eft-ce que je n'ai
pas en moi affez de reffource pour favoir me paffer des fecours
d'autrui? Oui, D. Alonzo de Sotomayor, je vous protege, vous
vous chargez du foin de ma fortune, & moi du fuccès de votre amour,
vous ferez l'époux de Madame de Rendan, ou je mourrai à la peine. Ah, ah, que cherche donc ici ce matamore avec fa longue épée?

SCENE VI.

L'ÉCUYER DE D. ALONZO, ARTHUR.

L'ÉCUYER, *toujours le ton d'un matamore.*

EST-CE vous qui vous nommez Arthur?

ARTHUR.

Il y a bientôt trente ans, Monfieur, que je m'appelle comme cela;
que me voulez-vous?

L'ÉCUYER.

Vous dire que je fuis l'Écuyer de D. Alonzo de Sotomayor, &
vous remettre cet écrit.... Savez-vous lire?...

ARTHUR.

Si je fais lire?....

L'ÉCUYER.

C'eft que moi qui fuis gentilhomme, je ne fais ni lire ni écrire...
cela n'appartient qu'aux fainéans, aux gens inutiles.... Parlez-moi
de favoir fe battre... voilà une fcience cela! mais favoir lire...

ARTHUR.

Oh! je ne me bats point, moi; j'ai les inclinations pacifiques.
Voilà pourquoi je me fuis adonné aux belles-lettres. De qui eft cet écrit?

L'ÉCUYER.

De Monfieur de Sotomayor.

ARTHUR.

Comment! il eft Gentilhomme, & il fait écrire.

L'ÉCUYER.

Sans doute... C'eft un Efpagnol.

ARTHUR.

Mais vous êtes Français, vous, & vous foutenez l'honneur de
la Nation?

L'ÉCUYER.

Affurément. François I gâte tout à préfent, avec fa belle fan-

B 2

taifie de fcience, & la ridicule protection qu'il accorde aux Sa-
váns ; mais il ne me pervertira pas.... Je bois , je chaffe , je joue,
& je me bats : voilà tout ce que doit favoir faire un Gentilhomme.

ARTHUR.

Et par quel hafard au service d'un étranger ?

L'ÉCUYER.

Parce que je fuis pauvre , que Monfieur de Sotomayor doit me
amener avec lui,... quelque part, dans le nouveau monde, que nous
y devons faire conjointement les plus beaux exploits, les plus
brillantes conquêtes, & que j'y finirai furement par être Vice-
Roi.

ARTHUR.

Pefte ! c'eft un fort joli pofte... Il vous a donc mis dans fa confidence?

L'ÉCUYER.

Vous concevez bien que né ce que je fuis, deftiné dès mon
enfance au noble métier des armes , afpirant au grade de Chevalier, je ne me prêterois pas à fes projets, s'il ne m'avoit juré fur
Dieu & fur fon honneur, qu'il n'avoit que des deffeins honnêtes ,
& que fon but étoit d'époufer.

ARTHUR.

Et moi donc , Monfieur, qui ai manqué d'être d'église, eft-ce
que vous me croyez moins fcrupuleux que vous ? Cette lettre
apparemment traite de l'objet en queftion ?

L'ÉCUYER.

Quand vous l'aurez lue, nous prendrons enfemble certaines
mefures.... fommes-nous ici en lieu de fureté ?

ARTHUR.

Oui, oui.... mais voyons ce qu'il m'écrit. (*Il lit.*) » Nos
» affaires n'avancent point, Arthur.... » Ce n'eft pas ma faute.
(*Il lit.*) » Il eft donc impoffible de voir Madame de Rendan, de
» lui parler, de parvenir à lui plaire ? Tant de contrariétés,
» d'obftacles, me réduifent au defefpoir.... » Parbleu, je le crois
bien : moi, je fuis furieux. (*Il lit.*) » Pour comble de malheur ,
» j'ai des rivaux.... » Et beaucoup, & de dangereux. (*Il lit.*)
» Le Roi furtout, le Roi me fait trembler. » Il a raifon ; lutter
contre un Roi jeune & aimable, ce n'eft pas une petite affaire.
(*Il lit.*) » Il faut que je meure, ou que je poffede Madame de
» Rendan. Il faut que je fois fon époux : mon bonheur & ma vie
» font attachés à ce titre, & je ne vois pour la forcer à me l'ac-
» corder, que le moyen dont je vous ai déjà fait part. » Un en-
levement.... c'eft un moyen bien violent ! (*Il lit.*) » Votre for-
» tune, Arthur, & la fortune la plus brillante fera la récompenfe
» des efforts que vous tenterez pour faire réuffir mes projets.
» Songez que les momens font chers, & que mes jours font entre
» vos mains. » Point de fignature.... il eft prudent,... c'eft m'avertir que je dois l'être.... On n'a rien ajouté à ceci ?

L'ÉCUYER.

Pardonnez-moi... l'ordre de prendre avec vous des mefures pour,...

ARTHUR.

Je fais, je fais... mais il n'y avoit rien de plus ?

L'ÉCUYER.

Si fait.... il m'est enjoint de savoir de vous, quand Monsieur de Sotomayor pourra concerter avec vous.

ARTHUR.

Vous ne m'entendez pas, ou vous ne voulez pas m'entendre.... je vous demande, si cette lettre n'étoit pas accompagnée.... là, est-ce que vous ne concevez pas?

L'ÉCUYER.

A propos, cela est vrai, vous m'y faites songer. Voilà une bourse que je suis chargé de vous donner; je l'avois oubliée.

ARTHUR.

Oui!... ah, n'ayez donc plus de ces oublis-là; un Gentilhomme comme vous, peut bien ne pas savoir lire, mais il ne doit pas manquer de mémoire.... J'entends du bruit.... voilà ma clef, montez par cet escalier, la porte à gauche, numéro neuf, cachez-vous dans ma chambre, j'irai vous y retrouver dans un moment.

(*L'Ecuyer sort.*)

SCENE VII.

ARTHUR, *seul.*

Ne donnons point de prise aux soupçons.... ce n'est pas le tout de faire fortune, il faut savoir se ménager les moyens d'en jouir.

SCENE VIII.

AMBROISE, ARTHUR.

ARTHUR.

Ah! c'est vous, Monsieur le jardinier?

AMBROISE.

Oui, Monsieur le valet de chambre, c'est moi-même.

ARTHUR.

Qu'est-ce que vous cherchez donc? est-ce à Mademoiselle Isolite que vous voulez parler?

AMBROISE.

A vous dire le vrai, je ne serois pas fâché de la rencontrer, j'aurois queuques petites babioles à l'y conter, de petits conseils à l'y demander.

ARTHUR.

Elle est auprès de Madame, & je ne crois pas qu'elle descende de si tôt; mais pour la raison, l'âge & l'expérience, assurément je la vaux bien, & si je pouvois vous être de quelque utilité...
(*à part.*) On gagne toujours quelque chose à tout savoir.

AMBROISE.

Ecoutez donc, Monsieur Arthur, je crois que vous pourriez bien ne pas être inutile... je sais que vous avez de l'esprit, plus d'esprit que moi.... oh! c'est sûr.... tout le monde dit que vous êtes un peu fripon; mais tout coup vaille, un fripon peut être de bon conseil.

ARTHUR.

Mais favez-vous que vous me dites des injures en croyant me faire des complimens!...

AMBROISE.

Eh, non, morgué! ce font ceux qui difent cela. Il ne me coûte rien à moi de vous croire un honnête garçon jufqu'à ce que j'aye des preuves du contraire.

ARTHUR.

Au fait. De quoi s'agit-il?

AMBROISE.

De me faire gagner dix piftoles.

ARTHUR.

Et comment faut-il s'y prendre pour cela?

AMBROISE.

En me perfuadant que ma confcience n'a rien à me roprocher dans ce qu'on exige de moi pour les gagner.

ARTHUR.

Dix piftoles, une confcience.... voyons, voyons.... oh! je ne manquerai furement pas de moyen pour ajufter tout cela enfemble.

AMBROISE.

Devinez à qui je viens de parler?

ARTHUR.

Je ne devine rien, il faut qu'on me dife.

AMBROISE.

A l'Amiral Bonnivet.

ARTHUR.

Et qu'avez-vous à démêler avec lui?

AMBROISE.

Bah! c'eft lui qui requiert ma protection.

ARTHUR.

A propos de quoi?

AMBROISE.

Il eft amoureux de Madame.

ARTHUR.

Ovï-dà!

AMBROISE.

Eh, mon Dieu, oui! Et comme il prétend qu'il n'y a pas du tout de plaifir à pleurer toujours, comme il eft fâché de voir notre maîtreffe ne s'occuper que de ça, il a deffein de lui bailler d'autres paffe-temps, voyez-vous. En conféquence il vient de venir ici, il m'a dit bien poliment: mon cher Monfieur Ambroife, vous êtes un honnête homme, un homme qui a du bon fens, une bonne tête, & ben de l'amiquié pour Madame de Randan.... C'eft vrai, Monfieur l'Amiral, l'y ai-je répondu, que voulez-vous de ma bonne tête & de mon amiquié? Je veux, ce m'a-t-il fait, que vous m'ouvriez tant feulement la petite porte du jardin qui donne dans le parc. Vot'belle maîtreffe a du chagrin, alle pleure toujours, ça finira par l'y gâter fon joli vifage, & ça feroit dommage, pas vrai, Monfieur Ambroife? Très-vrai, Monfieur l'Amiral; pourtant Monfieur Ambroife, a-t-il continué, il faut l'y bailler un petit

moment de diffipation, queuque divertiffement ben gentil ; qu'en
dites-vous ? Que c'eſt morgué ben imaginé, Monfieur l'Amiral.
Qu'y a dix piſtoles pour vous, Monfieur Ambroife, fi vous
pouvez me faire entrer dans vot'jardin, & fans qu: Madame s'en
doute, des danfeufes & des danfeurs qui gambaderont devant elle,
& la récréeront queuques minutes. Eh morgué, Monfieur l'Amiral, l'y ai-je fait à mon tour, je ne demande pas mieux que de
divertir Madame, & de gagner dix piſtoles, je fuis un pauvre
hère, & j'ai de la famille : mais peut-être qu'alle s'en fâchera, &
pour dix piſtoles je ne voudrois pas fâcher Madame qu'eſt auſſi
bonne qu'alle eſt belle.... Laiſſez-moi confulter queuqu'un qui aie
plus d'efprit que moi.... Là deſſus je l'ai quitté : il attend ma réponfe : vous v'là, confeillez-moi, gagnerai-je dix piſtoles qui me
feroient grand bien, ou les refuferai-je en dépit du bien qu'alles
me feroient ?

ARTHUR.

Attendez.... il faut que je me confulte auſſi, moi.... l'affaire eſt
délicate.... (*haut.*) Il s'agit de faire diverſion à la douleur de Madame.... (*bas.*) C'eſt bien le but de M. de Sotomayor, & le mien.
(*haut.*) D'interrompre un moment la profonde folitude où nous
vivons.... (*bas.*) Ce qui feit parfaitement bien à mes deſſeins....
(*haut.*) D'inſtruire ici une troupe de gens à talens.... (*bas.*) Parmi
lefquels pourront fe gliſſer les hommes néceſſaires au coup hardi
que nous projetons.... (*haut.*) Et de les cacher foigneufement jufqu'au moment de l'exécution, ce qui ne fera pas impoſſible, vu les
bofquets, les maſſifs de charmilles.... & de faire le bien de ce
pauvre Ambroife qui eſt mon ami.... Les dix piſtoles font à vous,
mon cher, & votre confcience peut être tranquille.

AMBROISE.

En vérité !... Ah ! comme vous me foulagez.

ARTHUR.

L'Amiral eſt donc bien férieufement amoureux de Madame ?

AMBROISE.

Bah, il n'eſt pas le feul.... mais j'ai bien peur qu'il n'en foit pour
les frais de fon amour & de fon petit divertiffement. M'eſt avis
qui gnia queuqu'un qui ne met en avant ni danfeurs, ni danfeufes,
& qui feit fans bruit plus de chemin que n'en fera l'Amiral avec
tout fon fracas.

ARTHUR,

Et qui donc, mon ami ?

AMBROISE.

Qui ? le Chevalier Bayard.

ARTHUR.

Allons donc....

AMBROISE.

Il n'y a pas d'allons donc.... Madame ne veut voir perfonne, &
elle a vu le Chevalier Bayard.

ARTHUR,

Elle l'a vu ?

AMBROISE.

Deux fois.... Et l'ordre est donné de ne l'y pas refuser la porte toutes les fois qu'il s'y présentera.

ARTHUR.

Ouï-da!... (*bas.*) Ah! c'est bon à savoir.

AMBROISE, *riant.*

Mais que l'Amiral réussisse ou qu'il ne réussisse pas, qu'est-ce que ça me fait à moi, pourvu qu'il me paye bien, & que Madame ne soit pas fâchée.

ARTHUR, *riant forcément.*

Assurément ce n'est pas toi qui seras le plus attrapé.

AMBROISE, *riant.*

Il seroit plaisant qu'il paye les violons....

ARTHUR.

Pour faire danser les autres.... oui, cela seroit vraiment très-plaisant.

AMBROISE, *riant.*

Et je vois que ça arrivera.... Adieu, Monsieur Arthur.... je m'en vais gagner dix pistoles.... de quelque façon que tournent les choses j'aurai tiré mon épingle du jeu, moi : c'est ce qui me divertira.... Epouse qui pourra.   (*Ambroise sort.*)

SCENE IX.

ARTHUR, *seul.*

AH! le Chevalier Bayard est venu deux fois, & on l'a reçu deux fois, & l'ordre est donné de l'admettre toutes les fois qu'il s'y présentera.... prédilection bien marquée, & qui prouve que M. de Sotomayor n'a d'autre parti à prendre que celui de se retirer, ou de risquer le tout pour le tout. Son Ecuyer m'attend, rejoignons-le, & prenons avec lui les dimensions les plus sûres.

SCENE X.

ISOLITE, ARTHUR.

ISOLITE.

MADAME vous demande.

ARTHUR.

Que me veut-elle?

ISOLITE.

Allez le savoir.

ARTHUR.

Toujours revêche, toujours méchante; ah! petite ingrate; ah! que je me veux mal d'avoir pour vous tant d'amour.
(*Arthur sort.*)

SCENE XI.

ISOLITE, *seule.*

AH! oui, ton amour.... j'y crois.... je ne puis pas affirmer que ce ne soit pas un honnête homme que ce garçon-là.... mais il a
une

une physionomie de fripon qui fait bien du tort à sa probité ; s'il en a.... Eh! c'est Monsieur de la Palice.

SCENE XII.
LA PALICE, ISOLITE.
LA PALICE.

Me voici encore une fois, Mademoiselle; serai-je plus heureux que je ne l'ai été jusqu'ici? verrai-je votre belle maitresse? daignera-t-elle me voir?

ISOLITE.

Oui, Monsieur, elle vient de m'ordonner, si vous vous présentez aujourd'hui, de vous conduire à son appartement.

LA PALICE.

Ah! que vous êtes aimable! que je vous ai d'obligations! je vais donc la voir!... la voir...! lui parler.... mais concevez-vous mon bonheur, Mademoiselle?

ISOLITE.

Monsieur, je ne sais pas quels sentimens vous amenent auprès d'elle..;

LA PALICE.

Quels sentimens!... tous.... tous les sentimens qu'inspirent la vertu, la beauté.... la douleur que l'on voudroit partager, adoucir, faire oublier.... mais je ne lui en parlerai pas; oh! je me le suis bien promis, je me le promets bien.... elle m'imposeroit silence?

ISOLITE.

Je ne sais pas ce que vous vous proposez de lui faire....

LA PALICE.

Venez, venez, conduisez moi.... C'est par ici, je crois.... ah! comme le cœur me bat.... Si je le sentois palpiter comme cela le jour d'une bataille, savez-vous que j'aurois bien mauvaise opinion de moi?

ISOLITE.

Comment!.. un brave Capitaine comme vous... un vaillant Chevalier,

LA PALICE.

Affrontera une armée entiere, & tremble aux pieds de la beauté.

Fin du premier Acte.

ACTE II.

SCENE PREMIERE.
ARTHUR, L'ÉCUYER de Setomayor.
ARTHUR.

Vous voilà au fait, je vous ai bien expliqué tout. Allez de ce pas disposer tous vos gens, & les déguiser comme je vous l'ai dit. La fête que prépare ici l'Amiral Bonnivet est de tous les événemens celui qui pouvoit le mieux nous servir : le tumulte & la foule couvriront nos projets; vos satellites se tiendront cachés, en attendant le moment favorable. Moi, je me charge d'écarter de la maison tous ceux qui pourront s'opposer à votre entreprise; que M. de Sotomayor se rende ici; que, s'il est possible, il soit présent à la fête : cela ne peut que contribuer à détourner de lui le soupçon. Allez, il ne faut pas que l'on nous voie ensemble. Allez, sur tout, secret & promptitude. (*L'Ecuyer sort.*)

SCENE II.

ARTHUR, *seul.*

Ah! l'on ne m'appeloit tantôt de la part de Madame, que pour m'écarter d'un lieu où doit nécessairement passer M. de la Palice. On a beau faire, rien ne m'échappe, & Madame ne reçoit le Capitaine qu'à titre de l'ami du Chevalier Bayard.... Quand on ne le voit pas, il faut en parler, c'est tout simple. Allons trouver Ambroise; je ne le crains pas lui, c'est un poltron; mais éloignons ses deux garçons, le palefrenier, les laquais, le cuisinier.... dispersons si bien nos ennemis, que nous restions seuls maîtres du champ de bataille.... ah! voilà ma belle orgueilleuse.

SCENE III.

ISOLITE, ARTHUR.

ARTHUR.

Pourriez-vous me dire où est Ambroise, Mademoiselle?

ISOLITE.

Mais probablement dans le jardin.

ARTHUR.

Est-ce que vous attendez ici quelqu'un?

ISOLITE.

Et qui voulez-vous que j'attende?

ARTHUR.

Allons, allons.... ne vous fâchez pas.... faut-il donc toujours rebuter, comme cela, le pauvre monde.... ah! cela n'est pas bien, cela n'est pas bien. (*Arthur sort.*)

SCENE IV.

ISOLITE, *seule.*

Cet homme est mon ombre. Il suffit donc de ne pas se soucier des gens pour les rencontrer à chaque pas.

SCENE V.

LA PALICE, ISOLITE.

ISOLITE.

Quoi! vous voilà déjà, Monsieur?

LA PALICE.

Oui, Mademoiselle, j'ai commis une indiscrétion, & l'on m'a donné mon congé.

ISOLITE.

Eh! qu'avez-vous donc fait?

LA PALICE.

Ce que tout autre auroit fait à ma place. J'aimois votre maîtresse avant qu'il fût question de la marier : unie à Madame de Rendan, j'ai renfermé mon amour, ne pouvant parvenir à l'éteindre. Elle devient veuve, l'espoir renaît dans mon ame, j'emploie tout pour être admis auprès d'elle ; après deux ans d'attente, c'est aujourd'hui qu'elle me permet de la voir : j'arrive ; que je l'ai trouvée belle ! j'étois venu bien résolu de me taire sur une passion toujours ignorée d'elle.... je la regarde, je lui parle, elle me répond, ses beaux yeux s'attachent sur les miens, mon cœur palpite, ma vue se trouble, ma tête se perd, je tombe à ses pieds.... je ne sais ce que j'ai dit ; car j'étois dans le délire.

ISOLITE.

La déclaration est un peu pressée.

LA PALICE.

Amour & raison, Mademoiselle, ne marchent guere de compagnie.

ISOLITE.

Et surement on s'est mis en colere ?

LA PALICE.

En colere, Mademoiselle ? non, on m'a plaint, on m'a consolé, & de l'air le plus touchant, on m'a fait promettre de ne reparler jamais de mon extravagance.

ISOLITE, *riant.*

Et vous appelez cela vous donner votre congé ?

LA PALICE.

Sans contredit. J'ai promis tout ce qu'elle a voulu ; mais le moyen que je tienne parole ! pour ne point fausser mon serment, il ne me reste qu'un parti, c'est de ne la revoir jamais.

ISOLITE.

Je n'aurois pas cru qu'un preux Chevalier comme vous, perdît si facilement courage.... Monsieur, mettez-vous à la place d'une jeune & jolie veuve qui pleure son mari.... depuis deux ans... d'une veuve regardée dans le monde comme un prodige de tendresse & de fidélité. Deux ans de constance pour les manes d'un époux, songez, Monsieur, combien cela met une femme en réputation ! L'orgueil se glisse par tout, & souvent c'est par vanité qu'on remplit un engagement contracté par une indiscrétion : telle est peut-être, aujourd'hui, la position de ma maîtresse. Ira-t-elle, dès la premiere déclaration, renoncer aux honneurs d'une persévérance si rare dans le siecle où nous sommes ? Amour, assiduité, petits soins, ménagemens délicats ; le temps surtout, le temps, qui parvient souvent à concilier les idées les plus opposées, tout ramenera Madame à des sentimens moins exaltés.... Vous avez pour vous la raison & la nature, mettez l'amour propre de votre parti ; & je vous promets gain de cause.

LA PALICE.

Je serois de votre avis, si je n'avois pas des rivaux redoutables... le Roi....

ISOLITE.

Elle n'est pas assez grande Dame pour espérer d'être un jo.

son épouse; elle se respecte trop pour être jamais sa maîtresse.

LA PALICE.

Je sais que Sotomayor....

ISOLITE.

Ce n'est pas celui-là que vous avez à craindre; les femmes ne s'occupent guere de ceux qui ne sont occupés que d'eux-mêmes, & l'on amuse difficilement les autres, quand on porte avec soi l'air toujours ennuyé: sa gravité, sa morgue, l'illustration de ses nobles aïeux dont il est infatué... il emportera tout cela à Madrid.

LA PALICE.

Pour le gros Bonnivet, je ne le crois pas redoutable, ce cher Amiral a de l'esprit, de la gaieté; c'est un bon soldat, un fort honnête homme; mais il est si futile; il se permet tant d'inconsé-quences; ses vieilles prétentions, & sa grosse étourderie le ren-dent, entre nous, plus ridicule que dangereux.

ISOLITE.

Il ne réussit en amour que lorsqu'il garde l'incognito & qu'à la faveur des ténebres, témoin certaine dame à Milan; il tourne à son profit le rendez-vous accordé à un autre.... Nous aimons le grand jour, nous! il n'est pas favorable à monsieur l'Amiral.

LA PALICE.

Et le Chevalier Bayard!

ISOLITE.

Madame en parle souvent.

LA PALICE, *avec un peu d'étonnement & d'inquiétude.*

Oh! elle en parle!... & qu'en dit-elle?

ISOLITE.

Du bien.

LA PALICE, *vivement.*

Oh! je le crois!

ISOLITE.

Madame me demande si je suis instruite des hauts faits d'armes de M. de Bayard: tout ce que je sais de ses prouesses, de sa vail-lance, de sa loyauté, je les lui raconte.... elle écoute avec beau-coup d'intérêt.... » Heureuse la femme qui pourra le nommer son époux!... » Ces propres mots un jour sont sortis de sa bouche.

LA PALICE.

Elle a raison, Mademoiselle; il a autant de probité que de bravoure, & c'est beaucoup dire. On n'est pas au fait de toutes les actions de sa vie; car il est modeste, & cache le bien qu'il fait. Sa conduite à Bresse avec cette noble veuve, dont la maison alloit être livrée au pillage; l'instant où, brave comme Scipion, il s'égaloit à lui par les désirs, & l'amour immolé à la vertu.... mille autres traits enfin.... je vous les conterai, vous les redirez à Madame de Rendan.

ISOLITE.

Oui, Monsieur; je lui ferai plaisir.

LA PALICE.

Mais, parlez-lui quelquefois de moi, entendez-vous. Savez-vous quelques circonstances de ma vie!... il y en a d'honorables....

ISOLITE.

Je ne les lui laisserai pas ignorer.

LA PALICE, *vivement.*

Mais que ce ne soit pas après lui avoir parlé de Bayard... car à côté de lui je ne me soutiendrois pas.... Eh ! le voici lui-même, vous ne m'avez pas dit qu'il venoit ici !

ISOLITE, *avec ingénuité.*

Vous ne me l'avez pas demandé.

SCENE VI.

BAYARD, ISOLITE, LA PALICE.

BAYARD.

Ah ! ah ! c'est vous, Capitaine ?

LA PALICE.

Oui, mon brave, c'est moi-même ; toujours votre ami, à la vie & à la mort.

BAYARD, *lui prenant la main.*

Touchez-là, j'en dis autant.... Bonjour, ma belle Demoiselle ; y auroit il de l'indiscrétion de se présenter là-haut ?

ISOLITE.

Je ne le crois pas, Monsieur, Madame vous voit avec trop de plaisir : je vais la prévenir que vous êtes ici ; engagez-la donc à sortir de ce château solitaire, il est si triste, si triste, elle s'y ennuie, j'en suis sûre... & moi aussi ; elle ne l'aura pas plutôt quitté, qu'elle vous en aura obligation... & moi aussi. (*Elle sort.*)

SCENE VII.

BAYARD, LA PALICE.

BAYARD.

Mademoiselle Isolite n'aime pas la campagne, à ce qui me paroit. Mais dites-moi donc, mon ami, par quel hasard nous nous trouvons tous deux à la même heure, au même instant, chez Madame de-Rendan, qui ne voit personne ?

LA PALICE.

Avant de vous répondre... que pensez-vous de cette femme-là, Chevalier ?

BAYARD.

Je ne vis jamais une Dame aussi bien née, plus belle, plus aimable, plus respectable qu'elle... n'est-ce pas votre avis, Capitaine ?

LA PALICE.

Assurément.... mais ne trouvez-vous pas qu'elle pleure trop long-temps le défunt ?

BAYARD.

Elle aime beaucoup ce pauvre Rendan.

LA PALICE.

Une année, c'est tout au plus ce qu'elle a vécu avec lui... & il y a deux ans qu'il est mort. On regrette un mari, soit ; on peut le pleurer, à la bonne heure... mais deux ans !

BAYARD.

Il est sûr que c'est beaucoup.

LA PALICE.

C'est trop.

ENSEMBLE.

Oh! oui, oui, c'est trop.

BAYARD.

Mais l'Amiral séchera les larmes de cette belle affligée; il l'a déjà annoncé dans le monde.

LA PALICE.

Il se fera une affaire avec Sotomayor.

BAYARD.

Je n'aime pas cet Espagnol-là.

LA PALICE.

Il ne faut pas le laisser prisonnier sur parole. Il vous souvient de sa fuite à Monerville.

BAYARD.

Lui, ou moi ne seroient plus à présent, si ce bras épuisé dans Bresse par la perte de tout mon sang, eût déjà repris quelque vigueur.

LA PALICE, *vivement & avec colere.*

Il en veut à Madame de Rendan; mais il pourra rencontrer des obstacles.

BAYARD, *en souriant.*

Comme vous prenez feu, Capitaine! Est-ce que vous seriez amoureux de la belle veuve?

LA PALICE, *avec chaleur.*

J'en perds la tête.

BAYARD, *bien tranquillement.*

Et moi aussi.

LA PALICE, *fort étonné après un petit temps.*

Et vous aussi!

BAYARD.

Oui, Capitaine.

LA PALICE, *du même ton que Bayard.*

Nous voilà donc rivaux?

BAYARD.

C'est vrai.

LA PALICE.

Rivaux & amis.... car bien que vous aimez en même lieu que moi.... (*mettant la main sur son cœur.*) vous êtes toujours là.

BAYARD, *mettant vivement la main sur le cœur de la Palice.*

J'y veux rester.

LA PALICE.

Je l'espere.... Y a-t-il long-temps que vous l'aimez?

BAYARD.

Depuis que je la connois.

LA PALICE.

Je vous en livre autant. Lui avez-vous parlé souvent depuis son veuvage?

BAYARD.

Deux fois.

LA PALICE.

Et moi, une.... Avez-vous dit que vous aimiez?

BAYARD.

Je n'ai pas osé.

LA PALICE.

J'ai été plus hardi; mais on m'a répondu d'une maniere à m'ôter toute espérance.

BAYARD.

Tant pis, car je hasarderai peut-être un jour le même aveu, & sans doute il ne sera pas reçu plus favorablement.

LA PALICE.

Si l'on en croit Mademoiselle Isolite, il ne faut pas encore se décourager; mais promettons-nous, que celui de nous deux qui n'aura pas le bonheur de lui plaire, sera place à l'autre, & le servira, qui plus est, en bon & véritable ami. (*regardant Bayard en face.*) J'ai bien peur de n'être que le confident de l'aventure. Plus je vous examine, plus je pense à ce que vous valez & à ce que je vaux; plus je m'aperçois que l'avantage n'est pas de mon côté.... mais n'importe, allons toujours notre train, & convenons encore, s'il survient un troisieme.... & il en surviendra.... que le délaissé de nous deux, sera le compagnon d'armes du tenant.

BAYARD, *lui touchant dans la main.*

Cela vaut fait.... (*en riant.*) Avec une autre femme que Madame de Rendan, cet engagement-là seroit peut-être fort indiscret; car on assure que le Roi lui-même a des prétentions sur elle.

LA PALICE, *en riant aussi.*

Oh! très-certainement nous ne nous battrons pas contre lui.... Mais notre vertueuse & charmante veuve est une de ces femmes près de qui le nom de Roi, lui seul, est un motif d'exclusion.... Jurons de plus, foi de Chevalier, de nous rendre compte sous le secret.... l'honneur l'exige.... de tout ce qu'elle nous aura dit.

BAYARD.

Je le jure.

LA PALICE, *après un petit temps, & gaiement.*

J'ai dans l'idée que je serai votre compagnon d'armes.... mais quel sacrifice ne feroit-on pas à l'amitié.... & à Bayard!... Voici Mademoiselle.

***

SCENE VIII.

BAYARD, LA PALICE, ISOLITE.

ISOLITE, *à Bayard.*

MADAME est avertie que vous êtes ici, Monsieur, elle va descendre dans l'instant.

LA PALICE, *à Bayard.*

Je crois qu'un tiers seroit de trop dans la conversation que vous allez avoir.... je me retire; à votre tour, Chevalier... (*en soupirant gaiement.*) Et plus de succès que moi près de la charmante veuve.... je vais prier le Ciel qu'il lui donne oubli du défunt, & pitié des vivans.   (*Il sort.*)

SCENE IX.
BAYARD, ISOLITE.
BAYARD.

C'EST un homme bien aimable que ce la Palice! une franchise, une loyauté! le connoissez-vous bien, Mademoiselle?

ISOLITE.

Voici ma maîtresse.   (*Elle sort.*)

SCENE X.
Madame DE RENDAN, BAYARD.
BAYARD.

JE crains que ma visite ne soit importune, Madame, & je ne me présente qu'en tremblant.

Mde. DE RENDAN.

Vous ne vous rendez pas justice, Monsieur; asseyez-vous.... je suis bien flattée de vous voir.... C'est à moi d'appréhender à juste titre que l'ennui qu'on éprouve avec moi....

BAYARD.

De l'ennui près de vous, Madame!

Mde. DE RENDAN.

Hélas! entendre soupirer sans cesse, voir toujours des larmes, n'écouter que des plaintes.... cela est bien triste.

BAYARD.

Ce sont vos beaux yeux qui versent des pleurs; les plaintes sortent de cette bouche charmante qui prête un intérêt si doux à tout ce qu'elle exprime, & vous voulez que cela n'attache pas? Ah! que n'ai-je auprès de vous un titre, quelque droit.... je vous dirois.... » Vous cherchez des consolations, & moi j'ai » besoin de vous consoler: mon cœur vous est ouvert, épan- » chez-y vos peines; je n'aurai point de secret pour vous, pensez » tout haut devant moi.... « Mais cette extrême confiance il faut la mériter; & mon tendre respect, mon attachement pour vous, éprouvé par le temps, peuvent seuls m'en rendre digne.

Mde. DE RENDAN, *vivement.*

Ah! vous l'avez, Chevalier, cette confiance; vous la méritez... J'ai refusé constamment de voir tous ceux qui se sont présentés: rien ne m'a fait changer de conduite, & j'en changerai bien moins sans doute à présent, que j'ai trouvé un ami, un cœur compatissant, qui s'ouvre à mes chagrins, que ne rebute point ma tristesse, qui veut bien recevoir mes larmes, & dont la sensibilité mêlera quelques charmes à la retraite éternelle que m'impose ma situation: je ne serai pas trompée avec vous comme je l'ai été.

BAYARD.

Par qui donc?

Mde.

Mde. DE RENDAN.

Vous connoissez Monsieur de la Palice ?

BAYARD, *vivement.*

C'est un bon soldat, un brave Chevalier, un honnête homme, un homme aimable.

Mde. DE RENDAN.

Il sort d'ici.... C'est votre ami, je jugeois de lui par vous ; & sur ce préjugé trop avantageux je n'ai pas cru devoir aujourd'hui refuser de le voir.... Eh bien, Monsieur de la Palice.... il m'a parlé de je ne sais quel amour, il a osé blâmer mes regrets, il condamne le projet que j'ai formé de renoncer pour jamais au monde ; il me propose de nouveaux liens ; il m'accuse de cruauté, d'injustice.... Ah ! qu'il est mal aisé de trouver des hommes désintéressés, qui en consolant une femme affligée, n'ayent d'autres motifs que d'apporter le calme dans son ame, & dont l'amour propre en pareil cas, ne soit pas plus ému que la sensibilité.

BAYARD, *timidement.*

Si vous lui faites un crime de son amour, vous trouverez difficilement des gens moins coupables que lui.

Mde. DE RENDAN.

Il en est, Monsieur, il en est.

BAYARD.

Très-peu, Madame, très-peu... oh ! vous pouvez m'en croire.

Mde. DE RENDAN.

Comme je ne veux qu'un ami, les idées du plus grand nombre, à mon égard....

BAYARD.

Cet ami, comme vous l'entendez, ne sera pas facile à trouver, soyez-en sûre.... (*commençant timidement & s'échauffant par degrés.*) Par exemple quelqu'un que je connois, qui vous a vue, qui vous aimoit avant que l'hymen vous unît à M. de Rendan.... Eh bien, il a conservé cette impression puissante que vous avez faite sur son ame. Un autre avoit le bonheur de vous posséder, vous aimiez, vous étiez aimée.... que de raisons pour s'efforcer à vaincre son amour !... Eh bien, cet amour a tout surmonté ; & à présent que vous êtes veuve, malgré votre douleur qu'il approuve, malgré vos résolutions qu'il respecte, il vous adore, il ne voit que vous, n'entend que vous, & ne s'occupe que de vous.... Être votre ami, voilà son unique espérance, il ne briguera que ce titre ; il en remplira tous les devoirs, & se renfermera toujours dans les bornes que lui prescrit ce nom ; il conservera toute sa vie, pour vous, les sentimens de l'amant le plus tendre.

Mde. DE RENDAN, *baissant les yeux, & dissimulant avec peine le trouble qu'elle éprouve.*

Vous connoissez cette personne ?

BAYARD.

Oui, Madame.

Mde. DE RENDAN.

Beaucoup !

D

BAYARD.

Infiniment.

Mde. DE RENDAN, *cherchant à reprendre un air plus libre.*

La queſtion que je vous fais ici ne provient pas d'un mouvement de curioſité.... oh ! non : je crois qu'à cet égard je ſuis au-deſſus de tout ſoupçon.... Mais cet homme étant votre ami , comment n'employez-vous pas l'empire que votre raiſon vous donne ſur ſon cœur pour le guérir d'une paſſion....

BAYARD.

Cela n'eſt pas poſſible, Madame; ma raiſon & ſon cœur ſont abſolument du même avis; je ne ſuis pas même tenté de combattre ſon penchant.

Mde. DE RENDAN.

Je le plains. (*timidement.*) C'eſt un homme connu?

BAYARD.

Il a tout fait pour l'être.... moins par orgueil que par inſtinct.

Mde. DE RENDAN.

Vit-il à la Cour?

BAYARD.

Son devoir l'y retient quelquefois.

Mde. DE RENDAN.

Eſt-il diſtingué par des marques d'honneur?

BAYARD.

J'ignore s'il les a méritées; mais je le connois aſſez pour être ſûr qu'il croit ſes ſervices récompenſés quand ils ſont utiles à ſa patrie & à ſon Roi.

Mde. DE RENDAN.

C'eſt un bel éloge.... Faut-il qu'un homme comme celui-là ſoit malheureux! je ne vous demande pas quelle eſt ſa figure.... l'extérieur n'eſt rien.... ſon cœur....

BAYARD.

Eſt bien ſenſible.

Mde. DE RENDAN.

Don cruel, préſent funeſte , & qui fait bien des infortunés!... Puiſqu'il eſt votre ami, je ne vous parle point de ſa probité.

BAYARD.

Je le crois ſans reproche.

Mde. DE RENDAN, *avec une vivacité ingénue.*

Sans reproche.... C'eſt donc vous ?

BAYARD.

Oui, Madame. (*Madame de Rendan baiſſe les yeux, & tourne Bayard du côté du buſte de M. de Rendan. Bayard lit la légende du tableau.*) « Je l'aime encore ».... Je vous comprends, Madame, & je lis ma condamnation. (*Il fait un mouvement pour ſe retirer, & Madame de Rendan l'arrête par un autre mouvement, le fait raſſeoir ſans oſer lever les yeux ſur lui. Il continue.*) N'imputez la témérité d'un tel aveu qu'à ma franchiſe qu'ont preſſée vos queſtions.... Oui, je vous aime & n'aimerai jamais que vous. Depuis le jour où vous parûtes pour la première fois à la Cour, je vous conſacrai tous mes vœux, toutes mes penſées. Dieu & ma patrie, vous & l'honneur, voilà les mobiles sacrés de toutes mes entreprises, mes seuls soutiens dans les dangers, ma seule consolation dans les adversités. Votre image me suivoit au milieu des combats ; elle ranimoit mon courage ; elle redoubloit mes forces.... vous me guidiez & j'étois sûr de vaincre. C'est pour vous que j'ambitionnois une haute renommée. C'est à vous que je rapportois ma gloire, & je supportois le malheur de vous voir posséder par un autre en ne me jugeant pas encore assez digne de vous.

Mde. DE RENDAN.

Ah ! que m'avez-vous dit !

BAYARD.

Tout ce qu'éprouve mon cœur.

Mde. DE RENDAN.

Mais quel est votre espoir ?

BAYARD.

Je n'en forme aucun.

Mde. DE RENDAN.

Mon époux vit dans ma mémoire, & vous savez s'il méritoit ma tendresse !

BAYARD.

Personne n'en fut plus digne.

Mde. DE RENDAN, avec le ton de l'intérêt.

Soyez donc votre juge & le mien. Que penseroit-on de moi après l'éclat qu'a fait mon désespoir ? Que diroit-on de moi après deux ans de retraite, de deuil & de douleur, si je souffrois... qu'une main chere essuyât des larmes dont la bienséance, au défaut d'un sentiment plus délicat, me fait maintenant un devoir.

BAYARD.

Ah ! qu'est-ce auprès de l'amour que l'opinion d'un peuple d'indifférens !

Mde. DE RENDAN, troublée en regardant autour d'elle.

Je m'aperçois que nous sommes seuls.... Et cet entretien....

BAYARD.

Vous déplaît, je le vois... Je n'ai pas été maître de ma raison.. mais si cet aveu trop hardi ne m'exclut pas pour jamais....

Mde. DE RENDAN, le regardant avec complaisance & d'un ton le plus doux.

Quand.... vous verra-t-on !

BAYARD, avec transport.

Ah ! le plutôt.... ah ! jamais assez tôt au gré de mon impatience....

Mde. DE RENDAN, avec beaucoup de douceur.

J'en aurai bien du contentement.

SCENE XI.

Madame DE RENDAN, BAYARD, ISOLITE.

ISOLITE.

DON Alonzo de Sotomayor demande à être admis auprès de vous : j'ai beau lui représenter que Madame ne reçoit personne, paroles inutiles, vous allez le voir dans l'instant.

Mde. DE RENDAN, *vivement.*

Je le veux éviter ; fortez, Monfieur, fortez.... qu'il ne vous rencontre pas, s'il eft poffible.

ISOLITE.

Monfieur ne peut s'en aller à préfent, Madame, il feroit vu par M. de Sotomayor. Le jardin feul lui offre une retraite.

Mde. DE RENDAN.

Entrez-y, Chevalier, & n'en fortez que quand cet importun fera retiré.

BAYARD, *bien tendrement.*

J'obéis.... n'oubliez pas le dernier mot que vous m'avez dit.

Mde. DE RENDAN, *feignant de chercher dans fa mémoire.*

Quoi donc ?

BAYARD.

N'oubliez pas.... (*imitant la tendreffe avec laquelle Madame de Rendan a prononcé ce mot.*) « J'en aurai bien du contentement ».

Mde. DE RENDAN, *tendrement.*

Adieu, Chevalier Bayard.... (*ferme.*) Ifolite, faites en forte que M. de Sotomayor s'éloigne de ces lieux au plus vîte, & fuppliez-le de vouloir bien, à l'avenir, fupprimer fes vifites. (*Elle fort par la même porte que Bayard ; mais on l'aperçoit dans le jardin, & Madame de Rendan monte un efcalier placé fur la gauche, & qui conduit à fes appartemens.*)

SCENE XII.

ISOLITE, *feule.*

MADAME vient de dire au Chevalier Bayard.... un adieu.... qui me paroît donner l'exclufion à tous ceux qui ont des deffeins fur elle.

SCENE XIII.

ARTHUR, ISOLITE.

ARTHUR.

EH bien! Mademoifelle, venez donc rendre réponfe au Seigneur Alonzo de Sotomayor. Il s'impatiente d'attendre.

ISOLITE.

Votre protégé n'eft pas heureux, M. Arthur; comme je n'ai qu'une mauvaife nouvelle à lui annoncer, chargez-vous-en vous-même. Madame ne veut pas le recevoir, & le fupplie de vouloir bien à l'avenir, fupprimer fes vifites. Elle eft plus que jamais déterminée à ne recevoir perfonne : dites-le lui bien.... (*appuyant.*) bien, entendez-vous. Ce petit échantillon de vos fervices ne vaudra pas, je le fais, les petits échantillons de fortune qui vous avoient mis au goût de lui être utile.... mais que fait-on.... Vous avez du génie, vous tirerez peut-être encore parti de cela.

(*Elle fort.*)

SCENE XIV.

ARTHUR, *seul.*

C'EST bien ce que je me propose.... Déterminée à ne voir personne.... (*allant à la porte du jardin, & apercevant Bayard que l'on voit s'y promener.*) Eh! le voilà.... je savois bien qu'il ne pouvoit pas être sorti.... (*revenant sur le devant de la Scene.*) Mais ces gens-là me prennent donc pour un sot!... ah, je leur ferai voir le contraire.

SCENE XV.

SOTOMAYOR, ARTHUR, *ouvrant la porte :*
Sotomayor se présente sur le seuil.

ARTHUR.

PARDON, Seigneur, si je vous ai fait attendre, mais Mademoiselle Isolite....

SOTOMAYOR.

Eh bien! veut-on me voir?

ARTHUR.

On m'a chargé de la part de Madame, d'obtenir de Monsieur, qu'il veuille bien à l'avenir supprimer ses visites.

SOTOMAYOR.

Supprimer mes visites!...

ARTHUR.

Ce n'est pas là, comme vous le voyez, un acheminement à vous épouser.

SOTOMAYOR.

L'obstination de cette femme est bien singuliere, bien injurieuse! mais elle est donc déterminée à finir ses jours dans une retraite absolue,)... à ne recevoir qui que ce soit?

ARTHUR, *en souriant méchamment.*

Ah! pour ce qui est de ne recevoir personne....

SOTOMAYOR.

Eh bien?

ARTHUR.

Madame n'a point fait ce serment-là pour tout le monde.

SOTOMAYOR, *avec colere.*

Il y a des exceptions?...

ARTHUR, *avec un souris malin.*

Oui, Monsieur.

SOTOMAYOR.

Ah, ah!... Quels sont donc les mortels favorisés!... Le Roi, sans doute.... je sais ses projets.... ce ne peut être que le Roi. Je ne connois que lui.... qui par son rang du moins, ait quelque titre pour le disputer à Sotomayor.

ARTHUR.

Ce n'est pas le Roi.... il n'est pas plus heureux que vous; mais il existe un rival plus dangereux, je vous en avertis.

SOTOMAYOR.

Nommez-le donc ?

ARTHUR.

Le Chevalier Bayard.

SOTOMAYOR, *avec dédain.*

Et vous appelez cela un rival dangereux ?...

ARTHUR.

Ecoutez donc.... Dès qu'il s'est présenté pour avoir l'honneur de voir Madame, il a été admis auprès d'elle.

SOTOMAYOR.

Quelle injure pour moi !

ARTHUR.

Il est plus favorisé que le Roi.

SOTOMAYOR.

A la bonne heure.... mais que j'aye été refusé !

ARTHUR.

Et au moment où je vous parle, il est encore ici.

SOTOMAYOR, *avec vivacité.*

Il est ici, chez Madame de Rendan ?

ARTHUR.

Non, Seigneur, quand on vous a annoncé, ils se sont séparés, Madame est remontée dans son appartement; & comme vous étiez là, & que, pour sortir, il falloit nécessairement passer devant vous, j'ai entendu Madame dire au Chevalier Bayard, d'entrer dans le jardin, & d'attendre, pour se retirer, que vous vous soyez éloigné tout-à-fait.

SOTOMAYOR, *avec une rage concentrée.*

Je vais le rejoindre.... il faut que je le félicite de son bonheur.

ARTHUR, *le retenant.*

Ah ! Monsieur, ne faites point d'éclat, vous me perdriez ; on ne pourroit douter que je vous ai tout dit ; vous me perdriez, & vos affaires n'en seroient pas plus avancées.

SOTOMAYOR.

Pourrai-je maîtriser ma fureur ?...

ARTHUR.

Modérez-vous, Seigneur; souvenez-vous de vos conventions; songez que tout est prêt à réussir au gré de vos désirs ; songez qu'avant peu l'objet de votre amour va se trouver en votre pouvoir, & qu'après l'éclat d'une telle aventure, le seul parti qui lui reste, est d'accepter votre main & le nom de votre épouse.... Mais voici Monsieur l'Amiral.

SCENE XVI.

ISOLITE, SOTOMAYOR, L'AMIRAL BONNIVET, LA PALICE, ARTHUR.

BONNIVET, *à Isolite qui veut l'empêcher d'entrer.*

Je veux la voir, vous dis-je, & je la verrai, c'est décidé.... Ah ! ah ! c'est vous, Seigneur Alonzo !

SOTOMAYOR.
Oui, Monsieur l'Amiral, c'est moi-même.
BONNIVET.
Sans doute vous désirez, comme moi, d'être admis auprès de Madame de Rendan?
SOTOMAYOR.
Vous l'avez deviné!
BONNIVET.
Est-ce que cette charmante veuve auroit aussi triomphé de votre indifférence?
SOTOMAYOR.
Quel intérêt avez-vous à connoître mes sentimens?
BONNIVET.
Pas d'autre que celui qu'inspire naturellement un compagnon d'infortune.... Oui, mon cher Seigneur, c'est le mot; si vous avez des vues sur Madame de Rendan.... car aussi bien que moi, mon brave Gentilhomme, c'est de l'amour en pure perte. Et comment voulez-vous la toucher en faveur des sentimens qu'elle inspire? elle est inabordable.
SOTOMAYOR.
Oh! tout le monde, Monsieur l'Amiral, n'a pas comme vous & moi, le malheur de n'en pouvoir approcher.
LA PALICE.
Plaît-il, Monsieur!
BONNIVET.
Comment, morbleu, il y auroit des gens privilégiés? cela n'est pas possible: s'il y avoit quelqu'un de reçu, je serois admis.
SOTOMAYOR.
Demandez au Chevalier Bayard, qui se promene actuellement dans le jardin, si personne n'a le bonheur de voir Madame de Rendan? Il est en droit de vous répondre qu'il y a des exceptions.
BONNIVET.
Le Chevalier Bayard est là, dans le jardin?
LA PALICE.
Etes-vous sûr de ce que vous avancez, Monsieur?
SOTOMAYOR.
Il y est... par ordre exprès de Madame de Rendan... il attend, pour sortir, que j'aye enfin pris le parti de m'en aller.
ISOLITE.
O le méchant homme!
LA PALICE.
Vous me permettrez, Monsieur, de vous dire que la chose est bien douteuse. S'il étoit effectivement dans le jardin, & qu'il eût envie d'en sortir, ce n'est pas votre présence qui pourroit l'en empêcher. Dans toutes ses actions il n'a jamais craint les témoins.
SOTOMAYOR, faisant un pas comme pour aller au jardin.
Ah! puisqu'il faut vous en convaincre...
BONNIVET.
Arrêtez, Monsieur, nous ne le souffrirons pas; Madame de Rendan depuis son veuvage n'a reçu personne encore.

SOTOMAYOR.

Excepté le Chevalier Bayard qui est là , & qui, lorsque je l'en
prierai, ne refusera pas de paroître.

LA PALICE, *l'arrêtant fiérement.*

Monsieur... s'il est vrai que Bayard soit dans ce jardin, & s'il y
est de l'aveu de Madame de Rendan, la crainte de la compromettre
peut seule l'y retenir, & si vous ne respectez pas un brave homme,
un bon Chevalier que j'aime & que tout le monde estime, respectez du moins une femme noble, belle, vertueuse dont vous devriez
être l'appui, & non l'accusateur.

SOTOMAYOR.

Vous m'ouvrez les yeux , Monsieur, c'étoit pure vision de ma
part... (*il ouvre la porte du jardin, & d'une voix élevée.*) Je vous
demande pardon de vous avoir soupçonné , Chevalier ; certainement si vous étiez là , vous ne craindriez point de paroître... non,
Monsieur Bayard n'y est point... je me suis trompé...

(*Arthur s'est sauvé quand il a vu la querelle s'échauffer.*)

SCENE XVII.

LES PRÉCÉDENS, BAYARD.

BAYARD.

Non, Monsieur de Sotomayor , vous avez bien vu, & l'on vous
a dit dit vrai... J'y étois.

SOTOMAYOR.

Eh bien , Amiral ?

BONNIVET.

Je vous jure , Bayard, que je ne vous croyois point ici... Mais
par quelle aventure?

BAYARD.

Par une aventure fort naturelle. Vous désirez voir Madame de
Rendan, je le désire aussi, & malgré l'inutilité de mes démarches...

SOTOMAYOR, *riant malignement.*

Malgré l'inutilité !

BAYARD.

Oui, D. Alonzo... Que signifie l'ironie de ce sourire ?

BONNIVET.

Cela signifie que vous prenez tous deux une peine infructueuse...
Elle met à cela de l'entêtement , de la singularité. Vous concevez
bien qu'il n'est pas naturel de pleurer un mari pendant deux ans.
Elle veut passer pour une femme extraordinaire... Mais croyez qu'au
fond de l'ame elle seroit enchantée qu'on lui fournît de bonne raisons pour se consoler... & je m'en charge, moi. Un quart d'heure
seulement d'entretien avec elle , & je la rends à la société... Vous
n'entendez rien à tout cela vous autres.

LA PALICE, *en riant.*

Ah! mon cher Amiral, nous n'avons jamais douté de votre talent.

SOTOMAYOR, *avec un sourire amer.*

Mais vous comptez un peu plus sur votre adresse , M. Bayard ?

BAYARD,

BAYARD, *sèchement.*

Je ne suis point adroit, je suis franc.

BONNIVET.

Écoutez donc, en fait de talent.... on ne m'a jamais accusé d'en manquer.... surtout auprès des femmes. On a sur son compte quelques aventures assez brillantes pour.... Enfin, il suffit, il faut être modeste.... Que je voie Madame de Rendan seulement, & j'y parviendrai sans doute.

SOTOMAYOR, *toujours avec ironie.*

Vous êtes plus avancé que nous, Chevalier, avouez-le.

BAYARD, *retenant sa colère.*

Vous me pressez vivement, Monsieur.

SOTOMAYOR.

Pour un Français, vous êtes trop discret.... Allons, livrez-vous donc un peu au caractère national.... Pourquoi ne pas convenir d'un bonheur qu'on ne doit qu'à son mérite ?... Avouez donc.

BAYARD, *pâlissant de colère.*

Je suis chez Madame de Rendan.

BONNIVET.

Et moi aussi j'y suis, & je n'en sors pas que je ne l'aie vue.

SOTOMAYOR, *à Bayard d'un air de mépris.*

Si vous étiez ailleurs ?

BAYARD, *d'une voix étouffée.*

Ma réponse seroit précise. *(à ce mot Isolite sort toute effrayée par la porte du jardin.)* Au reste, l'occasion ne vous manquera point autre part....

BONNIVET.

L'occasion ? j'ai su me la ménager, moi, & je la saisirai en dépit de Madame de Rendan, en dépit de tous les jaloux en amour comme en guerre ; il n'y a souvent qu'un instant, & personne n'ignore que je sais le mettre à profit.

SOTOMAYOR.

Vous n'êtes pas seul en possession de ce mérite-là, Monsieur ; n'est-il pas vrai, Chevalier Bayard ?

BAYARD, *perdant patience.*

Oui, Sotomayor, je vous l'ai prouvé, lorsque sous les murs de Monerville, je vous fis prisonnier ; lorsqu'au mépris de votre parole, vous vous échappâtes, & lorsque je vous repris après vous avoir une seconde fois vaincu.... Ce fut l'affaire d'un moment....

SOTOMAYOR, *d'une voix étouffée par la colère.*

Cela suffit.

BAYARD, *de même.*

J'y compte.

BONNIVET.

Eh bien, eh bien, du bruit, de l'éclat ; beau moyen de se faire aimer ! Que ne m'imitez-vous ? C'est de l'adresse qu'il faut. J'ai des intelligences par tout, moi, &.... *(montrant le jardin.)* c'est là que doit se trouver l'ennemi, je l'assiége.... mes troupes n'attendent que le signal ; j'ai déjà pénétré dans les lignes,

E

SCENE XVIII.

Les Précédens, AMBROISE.

AMBROISE, *à l'Amiral, du fond du Théâtre.*

St, ft, ft, ft?

BONNIVET.

Et voilà mon aide de camp.... le jardinier de la maison.

AMBROISE, *du fond du Théâtre & l'air très-affairé.*

Elle est là qui se promene....

BONNIVET.

Madame de Rendan?

AMBROISE.

Elle est avec Mademoiselle Isolite qui l'y conte queuque chose, & qui a l'air toute échauffée.

(*Bayard jette sur Sotomayor un regard terrible.*)

BONNIVET.

Et nos gens sont-ils placés?

AMBROISE, *s'approchant.*

J'ai fait entrer tout le bataclan.... (*il fait des attitudes ridicules.*) De petits Messieurs, qui font comme cy; de petites Demoiselles, qui font comme ça.... (*hauffant les bras.*) & des ménétriers qui font déjà comme ça.... Oh! comme ign'y en a.... y sont cachés dans les bosquets, derriere les charmilles, au mitan de l'orangerie; une bande par ici, & une autre troupe par ilà; c'est pis qu'une noce, & tout ça vous est bariolé.... (*se frottant les mains.*) Gn'y a dans le nombre queuques petits minois de filles qui font ben gentilles; mais gn'y a aussi des figures.... Ah! que ça fait trembler!...

BONNIVET, *éclatant de rire.*

Ce sont mes Bohémiens....

BAYARD.

Qu'est ce qu'il y a donc?

LA PALICE.

Peut-on savoir....

SOTOMAYOR.

Sera-t-il permis....

BONNIVET, *gaiement.*

C'est que vous ne savez pas ce dont je suis capable. Passez au jardin; vous serez bien surpris.... passez, passez; je vois qu'il est difficile de rien imaginer de plus galant.

Fin du second Acte.

PREMIER INTERMEDE.

Le théâtre représente le jardin de Madame de Rendan ; elle arrive couverte de son voile, une main dégantée ; elle fuit Bonnivet qui court après elle : Bayard paroît dans l'enfoncement : la Police montre l'Amiral poursuivant la belle veuve. A l'instant où elle descend vers les rampes, sortent de derrière des charmilles, & du fond des bosquets, des Pâtres, des Bergers, & des Ménétriers jouant de la flûte, du hautbois, de la musette, &c.

Mde. DE RENDAN.

Ah ! Monsieur l'Amiral ! c'est une audace dont je ne vous aurois jamais cru capable.

BONNIVET.

Oui, Madame, je suis un audacieux, les femmes m'en ont toujours accusé. Sylphes, Génies, n'oubliez rien pour amuser une veuve adorable.

UNE BOHÉMIENNE, *chante.*

Vous avez beau vous en défendre, l'objet caché de votre flamme est près de vous....

Mde. DE RENDAN.

C'en est assez, Monsieur l'Amiral ; je n'en veux pas entendre davantage. Vous devez être satisfait.... j'ai porté la complaisance au-delà des bornes que vous-même auriez pu me prescrire. Permettez-moi de me retirer, & surtout, à l'avenir, n'oubliez pas que la veuve de M. de Rendan méritoit peut-être de vous plus d'égards ; le véritable amour s'annonce par le respect ; celui que l'audace accompagne révolte une femme au lieu de l'attendrir.

BONNIVET.

Non, je ne vous quitterai pas comme cela, vous entendrez ma justification. (*Il sort avec Madame de Rendan.*)

ARTHUR.

Nos gens sont placés : ils n'attendent que le signal. Vos rivaux éloignés, la victoire est à nous.

SOTOMAYOR, *passant devant Arthur.*

Sers mon amour & ma fureur.

(*Ils sortent, & le Ballet le reconduit en dansant.*)

Fin du premier Intermede.

ACTE III.

SCENE PREMIERE.

ARTHUR, *seul.*

GUETTONS ici la sortie de Monsieur l'Amiral : il est amoureux & bavard ; en conséquence, la visite sera longue. Nos gens sont en embuscade ; j'ai dispersé les domestiques de la maison, & tout doit réussir. Non, non, le Chevalier Bayard ne convient point à

E 2

ma maîtresse ; des vertus, de la naissance ; une grande réputation ;
tout cela est fort bon.... mais il y faudroit joindre aussi l'opulence, c'est elle qui fait valoir tout le reste.

SCENE II.
AMBROISE, ARTHUR.
AMBROISE.

Dites-moi donc vous, où qu'est fourré tout le monde dans
ste maison ?

ARTHUR.
Est-ce que Madame veut parler à quelqu'un ?
AMBROISE.
Non, pargoi, c'est moi qui me lasse de ne trouver personne à
qui parler.
ARTHUR.
Et qu'avez-vous à dire ?
AMBROISE.
C'est que je veux avoir main-forte.
ARTHUR.
A propos de quoi ?
AMBROISE.
A propos d'une troupe de bandits qui rodent autour de la mai-
son, & de quatre ou cinq grands coquins qui ont trouvé moyen de
se glisser dans not' jardin.
ARTHUR, *à part.*
Ouf, tout est découvert... (*haut.*) Est-ce que vous êtes fou ? &
quel pourroit être leur dessein ?
AMBROISE.
Ma foi je n'en sais rien, & c'est pour m'en instruire, sans crain-
dre d'accident, que je cherche par tout une escorte. Où diable sont-
ils tous fourrés ? Robert, Antoine, Philippe...
ARTHUR.
Ne criez donc pas comme cela, vous allez jeter l'effroi dans toute la maison... Je gage que j'ai deviné...Oui, surement, voilà le
fait... Vous dites que le Chevalier Bayard est amoureux de Madame de Rendan ?
AMBROISE.
Ecoutez donc, il pourroit faire plus mal.
ARTHUR.
Et vous supposez que Madame ne le voit pas avec indifférence ?
AMBROISE.
Ça y ressemble.
ARTHUR.
Je parie que le Chevalier Bayard est fâché que l'Amiral Bonnivet
l'ait prévenu dans l'idée d'une petite fête galante arrangée pour notre
belle maîtresse...
AMBROISE.
Je crois, morgué, que vous avez raison.

ARTHUR.

Madame a paru voir de mauvais œil les attentions de Monsieur l'Amiral.

AMBROISE.

Oui, je me suis aperçu qu'elle leux faisoit la grimace.

ARTHUR.

C'est qu'il lui déplaisoit qu'un autre se fût avisé d'une galanterie, dont elle auroit été charmée de savoir gré à celui qu'elle distingue.

AMBROISE.

Il semble que vous lisiez dans sa pensée.

ARTHUR.

Le Chevalier Bayard n'a pu se dissimuler, & l'humeur de Madame, & le motif qui l'a fait naître; en conséquence, il lui ménage à son tour quelque surprise agréable; & les gens qui rodent autour de la maison, ceux qui se sont introduits dans le jardin, ne peuvent être que des personnes préposées par lui pour l'exécution de ce dessein.

AMBROISE.

Voyez-vous! eh bien, je n'ai pas deviné ça, moi... Ah! queu pauvre esprit je suis à côté de vous!

ARTHUR.

J'ai vu le Chevalier parler bas à Mademoiselle Isolite.

AMBROISE.

Je l'ai vue aussi, moi.

ARTHUR.

De quoi lui parloit-il? de la petite fête que de son côté il prépare à notre maîtresse!

AMBROISE.

Certainement, il ne pouvoit lui parler que de ça.

ARTHUR.

D'après cela vous concevez qu'il faut se taire, avoir l'air de ne se douter de rien... parce que vous concevez bien, Ambroise... Le mérite... l'agrément de ces bagatelles ne consistent que dans la surprise... Allez chez vous; tenez-vous bien tranquille; ne parlez à qui que ce soit de ce que vous avez vu, & de ce que vous savez... Le mystere, mon ami, le mystere, c'est ce qui donne du prix aux moindres choses.

AMBROISE.

D'ailleurs tout ce micmac-là ne tardera pas à se débrouiller; car de dessus la terrasse, j'ai vu le Chevalier Bayard sur la grande route. Il venoit de ce côté-ci quand il a été abordé par Monsieur d'Imbercourt & par trois ou quatre hommes d'armes de sa connoissance... Je suis sûr que dès qu'il sera débarrassé, il ne sera qu'un saut jusqu'ici.

ARTHUR.

Il vient... vous l'avez vu!... (à part.) Autre embarras.

AMBROISE.

Il ne peut tarder long-temps...

ARTHUR, à part.

Après tout il ne restera pas toute la journée chez Madame....

(*haut.*) Allez, mon cher ami, rentrez chez vous, & surtout empêchez votre femme d'en sortir... Les femmes... on les fait bien parler quand on veut : mais on ne les fait pas taire à volonté ; & si la vôtre s'apercevoit...

AMBROISE.

Alle... Ah, morgué ! je voudrois bien qu'alle s'avisât de jaser, quand il me plaît qu'elle se taise. Je suis le maître afin que vous le sachiez, & lorsque enfin... Suffit... (*Il sort.*)

SCENE III.
ARTHUR, *seul.*

Nous venons de l'échapper belle. Cependant je ne suis point tranquille... Mais n'est-ce pas la voix de Madame ?... Oui ! l'Amiral s'en va... Elle vient ici... Eloignons-nous, & guettons l'instant favorable. (*Il sort sans être vu.*)

SCENE IV.
Madame DE RENDAN, ISOLITE.
Mde. DE RENDAN.

L'AUDACE & l'étourderie de l'Amiral ont-elles assez éclatées ? avez vous vu, Mademoiselle, l'air de confiance de cet homme extravagant ? on eût dit qu'il étoit assuré de mon cœur.

ISOLITE.

Il est vrai qu'il avoit toute la sécurité de l'amant le plus heureux.

Mde. DE RENDAN.

Que je n'entende jamais parler de ce jardinier assez vil pour se laisser séduire. Lui seul a pu introduire chez moi ce peuple d'insensés ; congédiez cet homme intéressé, & que je ne le voie jamais.

ISOLITE.

Ah ! Madame, ce pauvre Ambroise est un malheureux chargé de famille... L'appas de l'or que l'on a fait briller à ses yeux, a tenté sa pauvreté : il n'étoit question, à ce qu'on lui disoit, que de procurer quelque dissipation à Madame. C'est un honnête homme un peu simple, & qui, en se prêtant à ce qu'on exigeoit de lui, n'a pas cru manquer à ses devoirs : sa femme, ses enfans, lui-même, que voulez-vous qu'ils deviennent, si vous les abandonnez ?

Mde. DE RENDAN.

Qu'il reste, puisque vous le voulez... Mais doublez ses gages, afin qu'à l'avenir la pauvreté ne le force pas de céder à la séduction.

ISOLITE, *baisant la main de Madame de Rendan.*

Madame est la bonté & la générosité même.

Mde. DE RENDAN.

Quand Monsieur Bayard est sorti, vous lui avez dit que je voulois lui parler ?

ISOLITE.

Oui, Madame.

Mde. DE RENDAN.

Ce que vous m'avez raconté dans le jardin m'inquiéte... Leur altercation a donc été violente?

ISOLITE.

Il n'en faut accufer que Monfieur de Sotomayor.

Mde. DE RENDAN.

Il auroit oublié qu'il étoit chez moi?

ISOLITE.

Monfieur Bayard feul s'en eft reffouvenu, l'a vainement rappelé à fon adverfaire.

Mde. DE RENDAN.

Ah, Dieu! après l'indifcrétion de Bonnivet, il ne faudroit plus que cet éclat pour me mettre au défefpoir.

ISOLITE.

Voici Monfieur Bayard. (Elle fort.)

SCENE V.

BAYARD, Madame DE RENDAN.

BAYARD.

Je n'ai pu me débarraffer plutôt des importuns attachés à mes pas, Madame; j'ai cru qu'Imbercourt que je viens de rencontrer ne me quitteroit jamais. Il m'a tenu des difcours auxquels j'avoue n'avoir pu rien comprendre; enfin ils m'ont laiffé libre, & j'accours vers vous, pénétré de tout ce qui vient de fe paffer.

Mde. DE RENDAN.

Que penfera-t-on d'une démarche auffi finguliere que celle de l'Amiral? A quoi m'expofe l'étourderie d'un homme inconféquent! On va s'imaginer que je me prête à fes vues... Oui, Monfieur, l'on ne croira jamais qu'un homme ait l'audace de faire un fi grand éclat fans l'approbation, au moins tacite, de celle qui en eft l'objet.

BAYARD.

Eh! Madame, Bonnivet n'eft-il pas connu? en fait d'étourderie eft-ce là fon coup d'effai? fa réputation met la vôtre à couvert.

Mde. DE RENDAN.

Ce n'eft encore là que le moindre de mes chagrins. Eft-il vrai, Monfieur, que Sotomayor eft ici, & que, fans refpect pour ma maifon, il fe foit emporté à des excès?...

BAYARD.

Aucuns, Madame, aucuns.... Il eft violent, ombrageux.... Je l'ai fait fouvenir qu'il étoit chez vous.... & tout a été dit.

Mde. DE RENDAN.

Non, Chevalier, non, tout ne l'eft pas: de l'air dont vous me l'affurez, vous me faites frémir. A-t-il tenu quelques difcours injurieux?... ne me cachez rien. Sur quoi s'eft donc enflammé cet efprit foupçonneux?... eft-ce de moi qu'il fe plaint? fuis-je pour quelque chofe dans les raifons qui l'aigriffent?

BAYARD.

Ne vous alarmez point, Madame; qu'importent les motifs qu'il croit avoir de fe plaindre, fi ces motifs font tous déraifonnables!

Vous voyez que je fuis tranquille, vous pouvez l'être autant que
moi.

Mde. DE RENDAN.

Il aura fu, Monfieur, que je vous reçois chez moi. Son cœur
jaloux, fon efprit défiant auront tiré de cette efpece de prédilection des conféquences dont l'idée feule me met au défefpoir....
& que feroit-ce, grand Dieu! s'il s'étoit hafardé contre vous à
des emportemens!... Vous me cachez la vérité, Chevalier....
L'offenfe eft peut-être de nature à ne fe laver que dans le fang....
Si cela étoit.... après un éclat auffi affreux pour ma réputation,
auffi cruel pour mon cœur, je n'aurois plus qu'à mourir.

BAYARD.

Madame, encore une fois, foyez tranquille. Quel reproche
Sotomayor feroit-il en droit de me faire? Vous avez la bonté de
m'admettre chez vous, mais la Palice jouit du même honneur.

Mde. DE RENDAN, d'un ton moins agité.

Il eft certain que cela détruit du moins l'idée d'une préférence
exclufive.... Mais s'il fait vos fentimens pour moi?

BAYARD.

Peuvent-ils être un crime à fes yeux?... N'appartient-il qu'à
lui de connoître ce que vous valez?

Mde. DE RENDAN.

De quoi ne fait-on pas un crime à fon rival?

BAYARD.

Ah! s'il me faifoit celui de vous plaire.... que je m'eftimerois
heureux!

Mde. DE RENDAN.

Que je ferois à plaindre!

BAYARD.

Vous, Madame!

Mde. DE RENDAN.

Je ne veux qu'un ami.

BAYARD,

En eft-il de meilleur que l'amant le plus tendre?

SCENE VI.

LES PRÉCÉDENS, ISOLITE.

ISOLITE.

IL y a là des étrangeres qui demandent à parler à Madame.

Mde. DE RENDAN.

Me permettez-vous de les recevoir?

BAYARD.

Ordonnez, Madame, ordonnez.

Mde. DE RENDAN.

Faites entrer.

BAYARD.

Souffrirez-vous que je paffe dans cet appartement jufqu'à ce
que ces femmes fe foient retirées?

Mde.

Mde. DE RENDAN.

Ne vous ennuyerez-vous pas ?

BAYARD.

Est-ce que votre image ne me fuit pas par tout !

(Il se retire dans un cabinet.)

SCENE VII.

Une Dame BRESSANE, ses deux FILLES, Mde. DE RENDAN.

LA BRESSANE.

Excusez des étrangeres, Madame, qui ne connoissant personne ici, ont osé espérer de votre bonté que vous ne refuserez pas de leur être utile.

Mde. DE RENDAN.

Vous m'avez rendu justice, Madame ; mais ce n'est point bonté, c'est devoir. Y auroit-il de l'indiscretion à demander qui vous êtes ?

LA BRESSANE.

Je suis veuve d'un genti homme qui mourut en défendant sa patrie contre vos patriotes armés pour la détruire.... Bresse m'a vu naître. Bresse qui, malgré l'expérience & le courage de nos guerriers, a succombé sous la valeur des vôtres.

Mde. DE RENDAN.

Et ces Demoiselles ?

LA BRESSANE.

Ce sont mes filles.

Mde. DE RENDAN.

Elles joignent à la beauté cet air de candeur qui la rend encore plus intéressante ; sans doute, les malheurs attachés à la guerre, la perte de votre époux, & les calamités affreuses qui dévastent une ville prise d'assaut, ont détruit votre fortune, & vous contraignent ici à chercher des secours ?...

LA BRESSANE.

Ce n'est pas le besoin qui nous amene ici, Madame, c'est la reconnoissance ; un homme généreux, un digne & brave Chevalier, blessé pendant l'assaut, & porté dans ma maison, lorsque Bresse entiere étoit livrée au pillage, sauva mes jours, nos biens, & l'honneur plus précieux que la vie, à ces deux enfans ; ma consolation & mon unique espérance dans la confusion où ma patrie étoit plongée, jouissant à peine de ce qu'exige la plus simple existence, je n'ai pu m'acquitter envers notre libérateur, & je viens aujourd'hui satisfaire à la dette de mon cœur.

Mde. DE RENDAN.

Une reconnoissance si rare & si respectable fait votre éloge ; Madame, & le panégyrique de celui qui vous l'a inspiré ; mais en quoi puis-je vous être utile à son égard, & comment me connoissez-vous ?

LA BRESSANE.

Parce que ce brave homme sembloit oublier ses souffrances en prononçant votre nom, Madame.

F

Mde. DE RENDAN, *avec étonnement.*

Mon nom!

LA BRESSANE.

Belle Rendan, disoit-il, mes biens, mon sang, ma vie, tout pour Dieu, pour l'honneur, & pour vous.

L'AINÉE DES FILLES.

Vous avez vu des Belles, continuoit-il en nous adressant la parole; eh bien, celle que je vous nomme, celle qui soutient mon courage, est plus belle que tout ce que vous avez pu voir.... il ne nous a pas trompées.

Mde. DE RENDAN.

Ah! cessez....

LA CADETTE.

Mais, trois choses l'emportent encore sur sa beauté, poursuivoit ce brave & bon Chevalier, c'est sa vertu, son esprit & son cœur.

LA BRESSANE.

Elle ignore mes sentimens, jamais elle ne les payera de retour; mais on est plus heureux d'aimer Madame de Rendan, même sans espérance, qu'on ne le seroit, assuré de l'amour, & comblé des faveurs d'une autre: c'est ainsi que pour charmer ses peines s'exprimoit devant nous le tendre & généreux Bayard.

Mde. DE RENDAN, *avec un sentiment qui tient de la joie & de l'étonnement.*

Monsieur Bayard... (*Avec vivacité.*) Quoi! c'est lui qui vous disoit... (*s'arrêtant comme ayant trop dit.*) Ah! si je puis vous obliger, ne m'épargnez pas... Combien votre reconnoissance vous rend estimable à mes yeux!... (*avec intérêt.*) Il étoit donc blessé grièvement?

LA BRESSANE.

Percé d'un coup de lance vers la poitrine, au défaut de la cuirasse, affoibli par la perte de son sang, sa blessure étoit dangereuse... Mais ces deux jeunes filles, comme toutes celles qui ont l'honneur de naître d'un sang noble, formées, dès leur enfance, à des connoissances utiles, ont rendu bientôt à la vie le meilleur & le plus vertueux des guerriers.

Mde. DE RENDAN, *avec sentiment & prenant les mains des deux jeunes Bressanes.*

Vos généreuses mains ont sauvé un homme bien cher... à sa patrie, à sa famille, à ses amis... Que la beauté est respectable & touchante, quand elle ne brave le spectacle affreux des douleurs & de la mort, que pour consoler & secourir des victimes si noblement dévouées! Et vous voulez oïr celui que vos bienfaits ont rendu si cher?

LA BRESSANE.

Dès que les circonstances nous l'ont permises, éloignement, peines, fatigues, rien ne nous a retenues. Ces deux enfans pénétrées comme moi d'estime & d'admiration pour notre loyal ami, se faisoient une fête de ce voyage; leur gaieté, leur résolution soutenoient mon courage. Je suis vieille, j'approche du terme fatal... mais je mourrai contente, si je puis voir encore une fois mon bien-

faiteur, & déposer à ses pieds un foible tribut de la reconnoissance. Je suis arrivée ce matin, ce brave Capitaine est sans doute à la
Cour, & n'osant pas nous y présenter, j'ai pensé que celle qu'il
nommoit sans cesse, que cette Madame de Rendan si respectueuse-
ment adorée du Chevalier Bayard, faciliteroit à de pauvres étrangeres, le bonheur d'arriver jusqu'à lui.

Mde. DE RENDAN.

Le hasard vous favorise, Mesdames, le Chevalier Bayard étoit
avec moi quand vous vous êtes fait annoncer : il a passé dans cet
appartement pour me laisser la liberté de vous recevoir : je ne le
priverai point du plaisir que vous lui préparez.... vous parlez de votre reconnoissance, il vous persuadera que c'est lui seul qui vous en
doit... (Elle ouvre la porte du cabinet.) Venez, Monsieur, venez, &
remerciez-moi, je vais vous procurer un bien heureux moment.
(Bayard sort du cabinet.) Reconnoissez-vous ces Dames ?

SCENE VIII.

LES PRÉCÉDENS, BAYARD.

BAYARD.

Eh! c'est ma noble, ma généreuse Bressane! ce sont mes deux
anges consolateurs! (à Madame de Rendan.) Si je les reconnois !...
ah! Madame, je leur dois l'air que je respire. (Embrassant la mere.)
Mais par quel miracle?...

LA BRESSANE, dans les bras de Bayard & l'embrassant avec la
plus grande tendresse.

Ah! Monsieur Bayard !... Monsieur Bayard !

BAYARD, pleurant & la pressant contre sa poitrine.

Ma bienfaitrice! ma bienfaitrice !... (à Madame de Rendan.)
Si vous saviez... Ah! vous aviez bien raison, voilà un heureux
moment pour moi !

LA BRESSANE.

Vous pleurez !

BAYARD.

Je n'en rougis pas... Elles sont bien douces ces larmes-là....
(à Madame de Rendan en lui montrant les deux filles.) Avez-vous
rien vu d'aussi intéressant ?... & d'une douceur, d'une bonté...
Des cœurs purs comme le vôtre, Madame.

LA BRESSANE, à ses enfans qui pleurent & qui se taisent.

Eh bien, mes enfans... (à Bayard.) C'est le saisissement, c'est
la joie qui les empêchent de s'exprimer...

BAYARD.

Quel sujet vous a fait quitter la Bresse ? qui vous amene en France?

LA BRESSANE, en serrant la main de Bayard & le mouillant de
ses larmes.

L'amitié... le devoir... la reconnoissance.

BAYARD, à Madame de Rendan, en prenant la Bressane dans ses
bras.

Elle pleure aussi cette chere femme... (à la Bressane.) Avez-
vous besoin de moi?

LA BRESSANE.

Oui.

BAYARD, *vivement.*

Parlez, parlez, que puis-je faire pour vous ?

LA BRESSANE.

Beaucoup, beaucoup.

BAYARD.

Dites.

LA BRESSANE.

Nous jouissons d'une fortune peu considérable, mais honnête, mais suffisante pour assurer à ces deux enfans un avenir exempt d'alarmes... Notre ville emportée d'assaut par vos soldats & livrée au pillage, nous seules, protégées par vous, nous avons échappées...

BAYARD.

J'ai fait mon devoir.

LA BRESSANE, *montrant ses filles.*

Ces deux enfans, victimes sans vous, de la férocité du vainqueur...

BAYARD.

J'ai sauvé la vertu, la beauté... J'ai fait mon devoir.

LA BRESSANE, *se jetant avec ses filles aux pied de Bayard.*

Mes filles, faisons le nôtre.

BAYARD.

Eh bien! eh bien!... (*voulant les relever.*) Je ne souffrirai pas....

LA BRESSANE.

Cette posture convient à des ames reconnoissantes, & nous vous demandons une grace.

BAYARD, *les forçant de se relever.*

Ordonnez.... mais relevez-vous.

LA BRESSANE.

La calamité publique, les événemens nous ont seuls empêchées de nous acquitter plutôt. Vous n'êtes pas riche, vous nous l'avez dit....

BAYARD.

J'ai dit la vérité.... eh bien?

LA BRESSANE.

Eh bien, notre bienfaiteur, notre sauveur, notre ami.... (*en lui offrant un coffre.*) Recevez ce que nous vous devons....

BAYARD.

Qu'est-ce que cela ? que m'offrez-vous ?

LA BRESSANE.

L'argent que vous avez répandu pour nous....

BAYARD.

Que vous donnai-je donc, moi, qui vous dois la vie ?

Mde. DE RENDAN, *avec une effusion de cœur dont elle n'est pas maîtresse.*

Ah, Bayard! ah, mon ami!...

LA BRESSANE.

Madame, soyez notre juge; tout s'enrichissoit autour de lui des dépouilles de mes concitoyens.... lui seul.... il place deux soldats à ma porte.... il tire de sa bourse tout ce qu'il falloit pour satisfaire leur avidité, & les indemniser de ce qu'auroit dû leur valoir le pillage de la maison; il sauve nos biens, nos jours, l'honneur de mes enfans; il les sauve au prix de sa fortune.... Et quand, sans nuire à la mienne, je veux acquitter ma dette, la dette sacrée de ma reconnoissance, la dette du cœur, il nous refuse, il nous humilie.... Qu'est donc devenu ce Bayard si bon, si généreux dans Bresse!

BAYARD, *après un moment de réflexion.*
Combien y a-t-il?

LA BRESSANE, *confuse de la médiocrité de la somme.*
Deux mille cinq cents ducats.

BAYARD, *réfléchissant.*
C'est beaucoup.... (*avec vivacité.*) je les accepte.

LA BRESSANE.
Ah! je renais!

LES DEUX FILLES, *ensemble.*
Quel bonheur!

BAYARD.
Voilà de belles Demoiselles, à qui j'espere.... j'ai aussi quelques obligations. Leurs bienfaisantes mains ont écarté de moi la mort qui me pressoit, leurs salutaires, leurs soins consolateurs ont allégé mes souffrances.... Voilà des dettes aussi, des dettes sacrées, des dettes du cœur.... & vous me permettrez de m'en acquitter. (*aux deux filles.*) Voilà, mes belles amies, deux mille cinq cents ducats, je les ai acceptés.... recevez-en chacune mille pour aider à vous marier.... (*elles veulent l'interrompre.*) ... (*à la mere.*) Laissez-moi parler.... Les cinq cents autres ducats, ma respectable amie, vous les distribuerez aux indigens, aux veuves, sur qui la guerre a fait tomber ses horribles fléaux.

LA BRESSANE.
Et que vous restera-t-il à vous?

BAYARD.
Votre amitié & ma vie que je vous dois.... Je crois qu'il n'en faut pas plus pour être content.

Mde. DE RENDAN, *lui tendant la main.*
Ah! mon ami! que vous êtes heureux! & combien vous méritez de l'être!

LA BRESSANE.
Madame, vous voyez nos larmes.... nous n'avons plus d'autre expression....

BAYARD.
Vous ne repartirez pas si tôt!

LA BRESSANE.
Vîte, bien vîte.... Si je restois long-temps ici, si je vous voyois souvent, j'aimerois trop la France, & j'oublierois ma patrie.... J'y reporte un cœur pénétré de vos vertus, & qui ne cessera de vous aimer qu'en cessant de battre dans mon sein.

BAYARD, *attendri, à Madame de Rendan.*
Oh! Madame, leurs pleurs me font trop de mal.

LA BRESSANE.

Partons, mes filles.... Madame, nous ne pouvons rien pour
fon bonheur : c'eſt à vous ſeule qu'il veut le devoir.... Adieu,
noble, loyal ami....

BAYARD, *les embraſſant.*

Oui, votre ami, juſqu'à la mort.

LA BRESSANE.

Ah! que le ciel l'éloigne pour le bonheur de l'humanité !...
Adieu.

LES DEUX FILLES, *enſemble.*

Adieu !... Adieu.

BAYARD.

Non, pour toujours.

LA BRESSANE.

A mon âge, hélas! c'eſt un adieu pour jamais. (*Elles ſortent.*)

SCENE IX.

Madame DE RENDAN, BAYARD.

(*Bayard la tête cachée par ſes deux mains, & pleurant. Après un
ſilence, & avec un attendriſſement qu'elle ne peut diſſimuler, Madame
de Rendan dit.*)

Mde. DE RENDAN.

Il n'y a que vous ſeul qu'on puiſſe aimer comme cela.

BAYARD, *la regardant avec tendreſſe.*

Le penſez-vous?

Mde. DE RENDAN.

Ah! je penſe.... Il ne me manquoit plus que le ſpectacle que je
viens de voir.... Laiſſez-moi, vous vous montrez à mes yeux avec
trop d'avantage.... laiſſez-moi.

BAYARD, *ſe jetant à genoux.*

Vous me repouſſez!

Mde. DE RENDAN.

Que voulez-vous?

BAYARD.

Grace, pitié, tendreſſe....

Mde. DE RENDAN.

Ah! je ſuis dans un trouble.... Ah! mon ami! croyez que ſi je
pouvois aimer encore.... vous ſeul.... J'entends du bruit, on
vient.... levez-vous; à peine je reſpire.

SCENE X.

LES PRÉCÉDENS, LA PALICE.

LA PALICE.

Vous ferez grace à mon importunité, Madame, en faveur du
motif qui m'amene.... Nous connoiſſons tous deux Bayard. Nul péril
ne peut l'émouvoir, & je viens vous ſupplier d'unir vos efforts aux
miens, pour l'engager à parer le danger qui le menace aujourd'hui.

Mde. DE RENDAN, *avec effroi.*

Qui le menace !... Monſieur Bayard?

BAYARD.

Moi !

LA PALICE.

S'il ne s'agissoit que d'un combat, mon ami, je ne vous en parlerois pas.... mais il y a de la trahison.

Mde. DE RENDAN.

Comment !

BAYARD.

Ah ! la Palice ! & c'est ici ?...

LA PALICE.

Oui, c'est parce que Madame est là, que je ne dois pas me taire. Un danger que vous pouvez prévoir, dont vous avez la possibilité de vous défendre par le courage & par les armes, je vous le laisserois courir.... quel que soit votre adversaire la partie sera toujours égale.... Mais lorsqu'on profitera de votre sécurité pour vous attaquer, lorsqu'on vous surprendra sans défense, lorsque vous courrez les risques de succomber accablé sous le nombre, & sans pouvoir au moins vous venger, on doit vous avertir, on doit le faire devant un témoin assez puissant sur vous, pour vous forcer à profiter de l'avis qu'on vous donne ; la plus légere prévoyance vous sembleroit injurieuse pour vous-même, & Madame.... Madame, que vous respectez, vous prouvera mieux que moi, qu'on peut être brave, & prendre des mesures pour échapper au piége qu'un lâche fait vous tendre.

Mde. DE RENDAN.

Ah ! Monsieur de la Palice, achevez ; vous me faites trembler.

BAYARD.

A qui donc ai je fait injure ? qui peut avoir à se plaindre de moi ? mon cœur ne me reproche rien ! je n'ai rien à craindre des autres.

LA PALICE.

Quoi que vous en disiez, je ne vous quitte pas, & j'exige devant Madame, que vous me promettiez de ne pas sortir sans moi.... il faut que vous le juriez à Madame.

Mde. DE RENDAN.

Promettez, Chevalier, promettez, je vous en conjure.

BAYARD.

Mais, encore une fois, quel ennemi pourroit ?...

LA PALICE.

Sotomayor lui-même. Oui, Madame, on a vu plusieurs de ses gens se promener dans les allées de votre parc, examiner les alentours du château, prendre à tâche de se dérober aux yeux qui les observoient : on a vu l'écuyer de Sotomayor aller, venir dans les environs, & après l'altercation que vous avez eue avec son maître.

BAYARD.

Il est Espagnol & je suis Français, & nos deux nations savent qu'où l'honneur se croit compromis, c'est à l'honneur seul de demander vengeance. Sotomayor ne peut méditer une trahison, & Bayard ne doit ni la craindre ni la soupçonner.

Mde. DE RENDAN.

Et voilà ce que M. de la Palice a prévu, voilà ce qui me fait trembler.... il eſt donc juſque dans la vertu un orgueil ſouvent répréhenſible!... S'il eſt vrai que j'ai quelqu'empire ſur vous , s'il eſt vrai que vous m'eſtimiez , j'en exige la preuve , il me la faut.

BAYARD.

Ordonnez , Madame , ordonnez.... (*à la Palice.*) Que vous êtes imprudent !...

Mde. DE RENDAN.

Vous permettrez qu'on vous accompagne?...

BAYARD.

Mais ſongez donc que je paroîtrai craindre.

Mde. DE RENDAN.

Eh , non , Monſieur , ce n'eſt pas vous qui craignez , c'eſt moi... puiſqu'il faut vous le dire.... Vous reſte-t-il quelqu'objections à faire !...

BAYARD.

J'en aurois beaucoup , ſi le danger étoit réel.... Mais comment Sotomayor eſt celui qu'on inculpe , ce péril n'eſt qu'illuſoire , & je cede.... Je l'avouerai cependant , je pardonnerois difficilement à la Palice l'indiſcrétion qu'il vient de commettre , ſi cette impru-dence ne me prouvoit votre eſtime & ſon amitié.

LA PALICE.

Quoi qu'il en ſoit , je veille ſur vous.... (*à part en regardant Ma-dame de Rendan.*) Imbercourt m'a promis de veiller ſur un autre.

Mde. DE RENDAN.

Je compte ſur votre promeſſe , elle eſt ſacrée.

BAYARD.

Et comment vous déſobéir? Avec Bayard n'exigez jamais de ſerment.... Ordonnez.

Mde. DE RENDAN.

Ah ! me voilà plus tranquille !

LA PALICE, *à Bayard.*

Il ne me reſte plus , mon ami , qu'à vous rappeler notre conven-tion de ce matin.

Mde. DE RENDAN.

Que dites-vous ?

LA PALICE.

C'eſt que nous ſommes convenus qu'à une certaine époque l'un de nous deux feroit le compagnon d'armes de l'autre , & je crois que je puis lui offrir mes ſervices.

Mde. DE RENDAN, *vivement*

Je vous y engage & de toute mon ame.

LA PALICE.

Oh ! j'étois bien ſûr d'obtenir votre approbation.

Mde. DE RENDAN.

Que ne doit-on pas attendre d'une pareille fraternité !

LA PALICE.

Il eſt ſûr que nous avons tout pour nous , l'honneur , la patrie , l'amitié la plus tendre... &... ajoutez donc encore un mot, Madame.

Mde. DE RENDAN.

Comment !

BAYARD,

BAYARD, *vivement.*

Et le befoin impérieux, le défir toujours renaiffant d'exciter en vous quelqu'intérêt, & de mériter votre eftime... n'eft ce pas ce que vous voulez dire, Capitaine?

LA PALICE, *en fouriant.*

Oui, Madame, oui... Il penfe tout ce que je veux dire, & j'efpere être un jour affez votre ami pour ofer vous dire tout ce qu'il penfe.

Mde. DE RENDAN.

Je ne vous comprends point...

BAYARD, *à part à la Palice.*

Etourdi!

LA PALICE, *à part, lui ferrant la main.*

Heureux mortel!... Mais vous mériez de l'être.

SCENE XI.

LES PRÉCÉDENS, ISOLITE.

ISOLITE, *en entrant & fermant brufquement la porte.*

NON, vous n'entrerez pas.

Mde. DE RENDAN.

Qu'eft-ce donc?

ISOLITE.

Un infolent qui veut forcer cette porte! il fe dit Écuyer de Monfieur de Sotomayor, & demande le Chevalier Bayard.

BAYARD.

Ici... (*faifant un mouvement pour fortir.*) je vais le ranger à fon devoir.

Mde. DE RENDAN, *avec effroi.*

Vous ne fortirez point Chevalier... (*à Ifolite.*) Faites entrer cet Écuyer... (*Ifolite fort.*) Sentez-vous bien à préfent toute l'horreur de ma fituation?

BAYARD.

Je fens, Madame, que vous êtes refpectable à mes yeux, au yeux de tout l'univers, & malheur à qui voudra mal interprêter mes actions & vos fentimens!

LA PALICE.

Tu connois mon cœur, tu fais ce que peut mon bras.. & voilà mon épée.

BAYARD, *lui tendant la main.*

A la pareille.

SCENE XII.

LES PRÉCÉDENS, L'ÉCUYER.

L'ÉCUYER.

C'EST Don Alonzo de Sotomayor qui m'envoie vers vous, Seigneur: vous l'avez offenfé; il en demande vengeance: lifez ce cartel; & m'informez fi je puis lui répondre que vous acceptez le combat propofé.

BAYARD.

Le propofer ici eft une injure que fans doute il vous a recommandée, & c'eft lui que j'en punirai... Quoi qu'il en foit, vous voyez

G

que vos craintes font mal fondées, la Palice... Madame, permettez-moi de me retirer.

Mde. DE RENDAN, *l'arrêtant.*
Que porte ce cartel ?... lifez-je tout haut, je vous prie.

BAYARD *lit.*
» Le Chevalier Bayard a infulté aux yeux de tous, Don Alonzo
» de Sotomayor. Il l'a fauffement, outrageufement accufé d'avoir,
» dans Monerville, manqué à fa parole.... » (*s'interrompant.*) Je
n'ai pour témoin de ce que j'avance qu'une ville entiere, & les
troupes qui la défendoient. (*il continue.*) « Il s'eft vanté de l'avoir
vaincu.... » (*s'interrompant.*) Deux fois, & celle-ci fera la derniere.
(*il continue.*) « Il ofe de plus lui difputer le cœur de Madame de
» Rendan, & fe vanter publiquement de parvenir bientôt à fa pof-
» feffion.... (*Bayard froiffant le cartel avec colere & le jetant à fes
pieds.*) Voilà le menfonge d'un traître.... je n'en lirai pas davantage.
(*à l'Ecuyer.*) J'accepte le combat, je le défie lui-même, & je le
punirai de fa déloyauté.

Mde. DE RENDAN , *d'une voix étouffée & fe cachant le vifage
avec fes deux mains.*
Ah ! Dieu !

BAYARD.
Je lui laiffe le choix des armes : ma querelle eft trop bonne pour
ne lui pas faire encore cet avantage.

L'ÉCUYER.
A pied... à l'épée... au poignard... jufqu'à la mort de l'un ou de l'autre.

LA PALICE, *avec étonnement & indignation.*
A pied.... il veut profiter de la foibleffe où le laiffe encore une
bleffure douloureufe, & la perte de fon fang !

BAYARD.
Ma querelle eft bonne.... J'y confens, à pied.... il en mordra
plutôt la pouffiere.... A ce foir.　　(*L'Ecuyer fort.*)

SCENE XIII.
LA PALICE, Mde. DE RENDAN, BAYARD.
Mde. DE RENDAN, *pleurant.*
OU m'a conduite une fauffe démarche ! quel abyme s'eft ouvert
fous mes pas !

LA PALICE, *à Madame de Rendan.*
Vous femblez craindre.... (*montrant Bayard.*) Celui qui devant le
Môle de Gayette, foutint feul, fur un pont, l'effort d'une armée
entiere, doit-il infpirer le moindre doute, quand il n'a qu'un feul
homme à combattre ! (*à Bayard.*) Mon ami, je cours trouver le
Roi, l'informer de ce cartel, & le fupplier pour vous d'être témoin
du combat.... Vous y foutiendrez le refpect que l'on doit aux Dames... C'eft la caufe de tous les Français... Adieu, Madame... Oubliez la Palice.... mais fouvenez-vous de l'ami de Bayard. (*Il fort.*)

SCENE XIV.
Mde. DE RENDAN, BAYARD.
Mde. DE RENDAN.
C'EST pour moi que vous allez combattre !... Pourquoi vous
ai-je connu !... Ah ! malheureufe !

BAYARD.

Ainsi, vous m'imputez le crime que je vais chercher à punir... toujours maîtrisée par le monde, par l'opinion...

Mde. DE RENDAN, *avec abandon.*

Ah! vous m'avez forcée de surmonter les craintes qu'ils m'inspiroient... Le monde, les jugemens ne sont plus rien pour moi... je ne vois plus sur la terre...

BAYARD, *vivement.*

Achevez.

Mde. DE RENDAN, *avec la plus grande chaleur.*

Un lâche veut tirer avantage de votre situation; il ne se confie point en sa vaillance; il n'a d'autre espoir que dans votre foiblesse, suite fatale des maux qui vous ont accablés.

BAYARD, *avec énergie.*

Ce n'est point au cœur que les ennemis m'ont blessé... d'ailleurs, s'il est arrivé, le moment qui doit finir mes jours...

Mde. DE RENDAN.

Ah! mon ami, défendez les : il y va de ma vie; défendez-les.

BAYARD.

Est-ce l'amour qui me l'ordonne?

Mde. DE RENDAN.

Combattez puisque l'honneur l'exige, revenez vainqueur, & conservez-moi le seul mortel qui pouvoit triompher de mes résolutions.

BAYARD, *se jetant à ses pieds.*

O ma bien-aimée, recevez le serment que je fais de ne plus vivre que pour vous, de n'avoir de pensées, de volonté, d'existence que la vôtre, de vous consacrer tous mes sentimens, & d'emporter au tombeau ce pur amour que je nourrissois sans espoir, & qui fera la félicité de ma vie, s'il peut rendre la vôtre heureuse.

Mde. DE RENDAN, *l'embrassant.*

O mon cher Bayard, je le reçois, & mon cœur répète tout ce que le vôtre vient de dicter.

BAYARD, *avec transport.*

Ah! que l'amour heureux a de pouvoir sur notre existence! N'appréhendez plus ma foiblesse... ce bras reprend sa force, mon ame recouvre sa vigueur & son énergie... Je vais combattre & triompher... mais après l'éclat que va faire cette aventure... je vous dois, je dois à moi-même de fixer, d'un seul mot, le jugement que l'on pourra porter sur nous. (*Il va à la table & écrit en prononçant tout haut.*)

» O mon Dieu, consacre la promesse que je te fais de n'a-
» voir jamais d'autre épouse que Madame de Rendan, à qui je jure
» devant toi, respect, amour & fidélité, jusqu'à mon dernier sou-
» pir. (*Il signe & prête la plume à Madame de Rendan.*)

Mde. DE RENDAN, *écrit sur même papier & prononce tout haut.*

» O toi qui reçus mes premiers sermens, qui fus l'objet de mes
» premieres tendresses; si ton ame voit avec intérêt celle qui fut ici-
bas ton épouse, regarde du haut des Cieux quel est celui qui te
» remplace dans mon cœur; lui seul m'a rappelé ton image, lui
» seul possède les vertus que j'adorois en toi... je te cherchois & te
» retrouve en lui. Punissez-moi, moi, grand Dieu! si je manque

» au ferment que vous fais mon ami, mon amant, mon refpecta-
» ble époux. (*Elle figne.*)

BAYARD, *prenant le papier & le baifant. Il le donne enfuite*
à Madame de Rendan, qui le met dans fon fein.

Jour heureux! jour de gloire & de félicité! je n'efpérois pas te
voir naître!

Mde. DE RENDAN, *voulant retenir fes larmes.*
Hélas! il va finir!

BAYARD.

Il renaîtra. Adieu, puifqu'il le faut... (*Avec enthoufiafme.*)
Mais... O ma bien-aimée! que je puiffe oppofer à mon adverfaire
une arme plus puiffante que mon épée... un gage de l'amour....
quoi que ce foit enfin qui ait touché votre perfonne, & je fuis
invincle.

Mde. DE RENDAN, *arrachant fon voile & le donnant à Bayard.*
Voilà votre écharpe; fa couleur trifte & lugubre vous peindra
l'état de mon cœur pendant l'affreux combat que vous livrez pour
moi. (*Elle va chercher dans la caffette fon portrait & le lui donne.*)
Et voilà mon portrait qui vous fervira d'Egide; puiffe-t-il vous rappeler, que ma vie déformais dépend du foin que vous prendrez de
conferver la vôtre.

BAYARD, *tranfporté de joie & regardant le portrait.*
C'eft elle... C'eft mon époufe... Elle vit, elle refpire dans ce
portrait... Noble, belle, touchante image! là... contre mon
cœur... (*avec une énergie terrible.*) Sotomayor eft mort.

(*Ils fe jettent dans les bras l'un de l'autre, & fe féparent*) (*Il fort.*)

SCENE XV.

Madame DE RENDAN, *feule.*

On a vu fur la fin de la Scene précédente, Arthur dans le jardin par-
lant à l'Ecuyer de Sotomayor; on l'a vu guetter l'inftant de la fortie
de Boyard, quand il le voit partir il fait un mouvement de joie
& difparoît aux yeux du public.

Mde. DE RENDAN, *abymée de douleur, tombe dans un*
fauteuil; après un inftant de filence elle dit:

Il eft parti! ah! Dieu! & peut être je ne le verrai plus... combat affreux, horrible incertitude... (*fe levant.*) Ifolite, Arthur...
Je faurai mon fort. Qu'ils fuivent mon époux... qu'ils foient témoins. Ah! Dieu!... J'apprendrai d'eux... je faurai s'il faut vivre ou mourir... Ifolite... Arthur... On ne m'entend point. (*Elle*
apperçoit Arthur dans le jardin, & va au-devant de lui.) Le voilà....
(*Arthur affecte de pas l'entendre & de s'éloigner.*) Arthur, arrêtez-
vous... écoutez-moi... (*Elle fort & fuit Arthur: on ceffe de la voir.*)

SCENE XVI.

ISOLITE, *feule regardant de tous côtés.*

Que défire Madame?... Eh! mais, il n'y a perfonne ici....
Voilà qui eft fingulier... aurois-je mal entendu!... je crois cependant ne m'être pas trompée... Oui certainement... on appeloit

etétoit ma maîtresse..... où donc eſt-elle?

Mde. DE RENDAN, *qu'on ne voit pas & qui crie avec force.*

Au ſecours... au ſecours.

ISOLITE.

Qu'eſt-ce que j'entends?

Mde. DE RENDAN.

Bayard, Bayard, à mon ſecours.

ISOLITE, *volant vers le jardin.*

Dieu!... c'eſt la voix de ma maîtreſſe!...

AMBROISE, *accourant.*

Des raviſſeurs!... Madame... On l'enleve!

ISOLITE.

Ah! Dieu!... courons, volons...

ARTHUR, *accourant, l'air très-affairé, & arrêtant Ambroiſe & Iſolite.*

Ah! mes amis, ſecondez-moi... quel malheur... qui l'auroit prévu! tout eſt perdu... Madame, ah! Ciel! venez... courons... Eh! non, non... C'eſt par ici, par ici. (*indiquant le chemin oppoſé par lequel on a vu ſortir Madame de Rendan.*) (*à part.*) Allons avertir Sotomayor que tout a réuſſi.

Fin du troiſieme Acte.

ACTE IV.

Le théâtre repréſente un Carrouſel, ou place conſidérable environnée d'échafauds, ſur leſquels eſt placée une foule de peuple; il ſont décorés de bannieres, de banderolles & d'écuſſons.

François I eſt aſſis ſur un Pavillon élevé, auquel on arrive par des gradins recouverts d'un tapis ſemé de fleurs de lys, ainſi que la tenture du Pavillon. Il a, près de lui, Louiſe de Savoie, Ducheſſe d'Angoulême ſa mere, & Marguerite ſa ſœur, toutes deux magnifiquement parées, pluſieurs Dames & Seigneurs de ſa Cour.

A la droite du Roi eſt une eſtrade moins exhauſſée, ſur laquelle on voit les juges du camp; des valets ou ſergens ſont répandus autour de la Lice dont la barriere eſt fermée.

Au lever du rideau tout eſt dans un profond ſilence. Il eſt interrompu par le bruit des fanfares, & d'une marche militaire qui annonce l'arrivée de la Reine, qui entre dans la Lice avec ſa ſuite.

Enſuite une autre marche qui annonce l'arrivée du Roi, qui entre également dans la Lice.

Une troiſieme marche annonce l'arrivée de Sotomayor.

Quatre Ecuyers d'honneur entrent par l'aile gauche du théâtre, font le tour de la Lice, & viennent ſe placer près de l'eſtrade des Juges, l'un tient la banniere de Sotomayor, portant un aigle d'or qui fixe le ſoleil avec ces mots: Rien ne m'étonne. L'autre ſon épée d'honneur, le troiſieme le manteau d'honneur, & le quatrieme deux épées & deux poignards en croix.

Une quatrieme marche ſuccede qui annonce le Chevalier Bayard, ayant à ſes côtés la Palice, & derniere lui MM. d'Orèze, d'Imbercourt de Fontrailles, & le Baron de Béarn. Ils ſe rangent entre l'eſtrade des Juges & la tente où eſt le Roi. (*La marche ceſſe, les trompettes ſonnent.*)

SOTOMAYOR, *s'approchant du pavillon royal ou de la tente du Roi.*

Sire, je viens supplier Votre Majesté de m'octroyer la grace de combattre à outrance ce Chevalier déloyal. Il m'a insulté dans mon honneur, il a osé me diffamer aux yeux des plus braves guerriers de votre Royaume. Sa mort seule peut effacer l'opprobre dont il a voulu couvrir le nom de Sotomayor. Souffrez donc, Sire, que l'épée, ou le poignard, le fassent dédire de ses mensonges, de son audace & que mon bras éteigne dans son sang le souvenir de mon injure (*Il jette au pied du trône le gage du combat.*)

(Les trompettes sonnent.

B A Y A R D.

Sire, outrager un sexe sans défense est le fait d'un lâche. J'ai repoussé la calomnie par le reproche le plus mérité. Ce que j'ai dit est vrai. Je le soutiendrai aux yeux des hommes, & à la face du Ciel. Permettez que je releve le gage du combat.

(Les trompettes sonnent.)

F R A N Ç O I S I.

Les lois sacrées de la Chevalerie, le respect que nous devons aux Dames, l'assistance que nous leur promettons, notre sang que nous jurons de verser pour les défendre, tout m'autorise à vous permettre le combat.

BAYARD, *releve le gage du combat.* (*Les trompettes sonnent.*)

S O T O M A Y O R.

Sotomayor n'a besoin que de son courage, Sire; il lui suffit pour la victoire.

B A Y A R D.

Sire, j'ai pour moi l'équité, votre présence, & mon épée... Que Dieu nous juge. (*Les trompettes sonnent.*)

Les Juges du Camp envoient par des sergens à Bayard & Sotomayor leurs épées & leurs poignards.

FRANÇOIS I. *parle bas à un Seigneur placé près de lui. Ce Gentilhomme descend, & va parler au Hérault d'Armes.*

L E H É R A U L T D' A R M E S.

De par le Roi: que ni parole, ni geste, ni le moindre signe ne trouble les combattans. (*Les trompettes sonnent.*)

L E H É R A U L T D' A R M E S.

De par le Roi: respect & silence.

(Les trompettes sonnent. Silence général.)

Les Champions se recueillent dans un profond silence, & embrassent leurs parrains.

LE MARÉCHAL DE CAMP, *jette son gant dans la lice & dit:* Laissez-les aller.

On voit arriver l'Ecuyer de Sotomayor; il arrive près de son maître, l'embrasse, & lui dit mystérieusement:

Tout a réussi, elle est entre nos mains.

S O T O M A Y O R.

Quoi qu'il arrive, ne la laissez pas échapper; vainqueur, je suis heureux... Mort... je serai vengé.

Les barrieres s'ouvrent, les combattans y entrent; tout se tait, & le combat commence. Bayard est terrassé, & Sotomayor lui arrache l'écharpe qu'il s'est fait du voile de Madame de Rendan.

BAYARD.

Cet avantage & la trahison ne te serviront pas. (*Il baise le portrait de Madame de Rendan.*) Voici ma force & mon soutien.

SOTOMAYOR.

Meurs, meurs,

BAYARD, *se releve, terrasse à son tour Sotomayor & lui dit :*
Confesse-toi vaincu, & je te donne la vie.

SOTOMAYOR.

Me confesser vaincu !

BAYARD, *lui plongeant le poignard dans le sein.*
Tu m'y forces... Péris.
Une foule de peuple se précipite sur un des côtés du théâtre, vers le trône du Roi, au milieu de cette foule paroît Madame de Rendan, pâle, échevelée, défigurée ; elle tombe à genoux aux pieds du trône.

FRANÇOIS I.

Dieu... Qu'est-ce que je vois ?

IMBERCOURT & Madame DE RENDAN, *ensemble.*
Sire, Sire, justice, vengeance...

BAYARD.

Madame de Rendan !

Mde. DE RENDAN.

Des lâches... Des ravisseurs se sont introduits dans ma maison... ils ont osé m'entraîner... Imbercourt... Ses amis... mon courage... m'ont arrachés aux mains des scélérats...

IMBERCOURT.

Sotomayor est le coupable.

FRANÇOIS I. *avec étonnement & indignation.*
Sotomayor.

BAYARD.

Sotomayor !... le voilà & vous êtes vengée. (*Quatre soldats enlevent le corps de Sotomayor.*)

Mde. DE RENDAN.

C'est à vous que je dois tout !

BAYARD.

Je suis Français... Dieu, l'honneur & les Dames ; voilà notre cri... Cher Imbercourt... (*à la Palice.*) Ah ! mon ami !
L'Orchestre exécute un grand morceau de musique, pendant que le peuple & les soldats entourent & enlevent Bayard.

FRANÇOIS I.

Sotomayor a reçu le prix de son crime : mais permettez-moi, Madame, de vous faire un léger reproche : quand vous vous cachez à tout l'univers, Sotomayor a pu savoir, comme nous, qu'il existe un mortel heureux.

Mde. DE RENDAN.

On le sait... Voilà ma justification, & les motifs de ma conduite... Daignez lire & jugez-moi... Ce n'est pas certainement sur l'épouse de Bayard que votre Majesté peut former des doute offensans.

FRANÇOIS I.

Non, Madame, non : foi de Gentilhomme ; honneur vous soit rendu, on m'a trompé. Je vais tout réparer : mais, Madame, est-ce au Roi, est-ce à votre ami que vous avez confié ce mystere ! est-ce un secret que je dois garder, ou m'est-il permis de le répandre !

Mde. DE RENDAN.

Vous venez, Sire, de me convaincre qu'il ne peut être trop divulgué. *On entend une marche militaire, exécutée par la musique qui précède la la marche, dans laquelle Bayard est porté en triomphe: on voit Bayard tenant le voile de Madame de Rendan à sa main. Le Roi remonte sur son trône, & Madame de Rendan se place sur les marches; la musique cesse lorsque Bayard a baisé la main de la Reine.*

FRANÇOIS I.

Embrasse-moi... viens, tu as fait le devoir d'un bon Français, d'un brave & loyal Chevalier; tu as soutenu la cause d'un sexe aimable & sans défense... Tu as combattu pour la beauté outragée... Foi de Gentilhomme, j'aurois voulu être à ta place.

BAYARD.

Ah! Sire, vous auriez dû à ce que vous valez ce que je ne dois qu'à mon bonheur.

FRANÇOIS I.

Ne dites point cela, Bayard; voilà un papier qui prouve le contraire... Messieurs, je vous présente la femme du Chevalier Bayard, mon ami, le vôtre, & l'un de mes meilleurs serviteurs.

BONNIVET.

Sa femme!

LA PALICE.

Oui, mon cher Amiral, sa femme.

BONNIVET.

Vous le saviez?

LA PALICE.

Je m'en doutois.

BAYARD.

Quoi! Madame, vous avez daigné publier...

Mde. DE RENDAN.

Oui, Chevalier, tout m'a demontré la fausseté de mes opinions. Quand on a le bonheur de vous appartenir... on doit y trouver trop de gloire pour n'en pas jouir aux yeux de tout le monde.

BAYARD.

O ma bien-aimée! (*à la Palice.*) Et toi, mon brave compagnon d'armes, rends ma joie pure & complette, dis-moi qu'elle n'afflige point ton cœur.

LA PALICE.

Va, je ne mériterois ni ton amitié, ni l'estime de ta femme, si je ne savois pas être heureux du bonheur de mon ami.

FRANÇOIS I.

Venez; belle Rendan; viens, mon cher Bayard: c'est moi qui prétends vous unir... Je t'accorde, mon brave, quelques mois pour l'amour, & nous irons après nous informer en Italie, s'il y reste encore des lauriers, Toi, qui sais si bien en cueillir, tu guideras nos pas. En suivant ton exemple, la moisson ne peut qu'être bonne.

L'Orchestre & la musique militaire, sonnent ensemble.

www.ingramcontent.com/pod-product-compliance
Lightning Source LLC
LaVergne TN
LVHW022202080426
835511LV00008B/1524